Letra Espírita

POR QUE PARTIR ASSIM?

CAMPOS DOS GOYTACAZES/RJ - 2024

UMBERTO FABBRI
GERALDO CAMPOS

POR QUE PARTIR ASSIM?

1ª Edição – Junho / 2024

A editora Letra Espírita mantém o Grupo Espírita Yvonne
do Amaral Pereira em Campos dos Goytacazes/RJ.

CAPA E DIAGRAMAÇÃO | André Stenico

COORDENAÇÃO EDITORIAL | Murilo Viana

REVISÃO | Maria Esguicero

Impresso no Brasil

Contato e pedidos:
vendas@letraespirita.com.br
(22) 2738-0184

Dados Internacionais de Catalogação na Publicação (CIP)
(Câmara Brasileira do Livro, SP, Brasil)

Fabbri, Umberto
Por que partir assim? / Umberto Fabbri, Geraldo Campos. -- 1. ed. -- Campos dos Goytacazes, RJ : Letra Espírita, 2024.

ISBN 978-65-88535-76-9

1. Espiritismo 2. Mediunidade 3. Reencarnação I. Campos, Geraldo. II. Título.

24-203299 CDD-133.90135

Índices para catálogo sistemático:

1. Reencarnação : Espiritismo 133.90135
2. Reencarnação e vidas passadas : Doutrina espírita 133.90135

Tábata Alves da Silva - Bibliotecária - CRB-8/9253

Sumário

NOSSAS OPÇÕES

Quando o amor desperta, a iluminação de nossa consciência faz-se imediata e passamos a contemplar na figura de nosso semelhante, o verdadeiro irmão em Deus. Irmão esse que tem a possibilidade de equivocar-se na condução de sua vida, e por estar fragilizado diante das provas às quais se candidatou, pode optar por desistir da existência com uma atitude agressiva, impondo-se o suicídio.

Tratamos, nesta simples e despretensiosa obra, dos

esforços de irmãos de ideal, em trabalho constante em um dos Complexos Hospitalares existentes próximos à crosta planetária, cujos objetivos são o resgate e a assistência emergencial àqueles que impuseram tamanhos suplícios a si mesmos.

Os casos apresentados trazem a marca da dor, do gesto insano, como também as ligações mentais com o desequilíbrio de irmãos nossos que atraímos pelos desmandos praticados em anteriores existências ou pela invigilância mantida nos pensamentos e atitudes, ampliando, sobremaneira, as chances de desvalorizarmos a própria existência.

Somente o Evangelho do Cristo será, para todo o sempre, o roteiro seguro para que não favoreçamos situações que possam infelicitar-nos com a dura prova da repetição, do tempo gasto no refazimento de nós mesmos, em difíceis existências autoimpostas, visando minimizar a violência contra nós e contra o Patrimônio Divino da vida.

Sabemos que não precisamos optar pela dor para aprender. Com o desenvolvimento de nossa inteligência, que se apresenta a cada dia mais abrilhantada, podemos observar, analisar, absorver e materializar em nossas vidas o amor como opção evolutiva.

Que as atitudes de nossos personagens possam nos inspirar, desviando-nos das escolhas infelizes, direcionando-nos para o serviço sagrado do bem com o Nosso Senhor e Mestre Jesus!

- Geraldo Campos

CAPÍTULO 1

NOVA REALIDADE

Confesso que inicialmente me senti flutuar. Uma sensação de profundo bem-estar envolvia todo o meu corpo.

Pude notar que estava totalmente desligado do envoltório carnal que me servira durante mais de 80 anos.

Os fatos mais importantes de minha vida haviam passado em *flashes* rápidos, completando um verdadeiro *download* do conteúdo do cérebro físico para o perispiritual, se posso me servir dessa simples analogia.

A existência que acabara de deixar havia realmente valido a pena, pelo menos pela minha ótica, pois me sentia confiante e consciente de meu estado.

Reencarnara em uma família muito simples e desprovida de maiores recursos. No entanto, meus pais me transmitiram, dentro de seus parcos conhecimentos, aquilo que tinham de melhor.

Com extrema dificuldade e com muito trabalho, alimentando-me mal e dormindo muito pouco, consegui uma formação universitária que foi de grande valia para o meu ingresso em postos mais elevados na empresa em que trabalhava desde os 16 anos de idade.

Apesar dos colegas me estimularem a procurar outra

colocação no mercado, resolvi investir meus esforços onde me encontrava e confesso que não me arrependi, porque, de um simples contínuo, cheguei a presidente da organização.

Sempre procurei fazer amigos com uma postura de muito respeito por tudo e por todos.

Meus pais eram Católicos e conduziram-me para a sua crença, o que me foi extremamente válido até encontrar o Espiritismo e, com ele, refiz minha postura e visão diante da vida.

A Doutrina Renovadora não trazia novidades, mas, sim, o Cristianismo em sua real pureza e significado para mim. Os ensinamentos de Jesus faziam-se claros e objetivos. Era importante e urgente amar a nós mesmos e aos nossos semelhantes, dando sentido à vida.

Recordo-me de que a primeira vez que entrei em um Centro Espírita foi com o objetivo de assistir a uma palestra pública, convidado por um amigo que esposara o Espiritismo desde a sua adolescência.

O orador daquela noite em questão abordou o tema *"ninguém pode ver o Reino de Deus, se não nascer de novo"*, com tanta propriedade e alegria, que os conceitos exarados iniciaram profundas mudanças em minha maneira de pensar e ver a vida até então.

As minhas conquistas profissionais tomaram um rumo adequado à realidade de Espírito Imortal em aprendizado constante. Trabalhar e alcançar posições e melhores salários eram atividades que não estavam simplesmente relacionadas à presente existência, mas estendiam-se em relação às oportunidades de exercícios constantes da paciência, da disciplina, da abnegação, da solidariedade, entre outros aspectos que eram desenvolvidos nos potenciais existentes na criatura, que sabemos ter Origem Divina.

Se o trabalho apresentava-se como um manancial de recursos no campo da educação do Espírito, que dizer da família na qual encontrava os momentos de estender ainda mais o exercício do amor fraterno?

Com a esposa, companheira dedicada de outras encarnações, trouxemos para o nosso convívio e aprendizado da paternidade e maternidade, dois filhos saudáveis que completaram a nossa felicidade.

Espíritos talhados no bem, me ensinavam mais do que eu a eles. Impressionava-me a maneira polida com a qual se relacionavam com todos, além do interesse em auxiliar o próximo necessitado, sempre que possível e onde quer que ele estivesse.

Na avaliação final, poderia me julgar um homem

feliz. Foi com esta sensação que aportei na Dimensão Espiritual, onde alguns amigos, parentes e pessoas que eu não tinha a mínima noção de quem seriam me receberam de braços abertos e contentes com a minha chegada.

Rogério, companheiro de longa data na prática dos trabalhos doutrinários e que me antecedera na grande viagem, foi o responsável por me dar as boas-vindas.

Envolvendo-me em um abraço de muito respeito, saudou-me:

— Grande amigo, seja bem-vindo ao Complexo Hospitalar Bezerra de Menezes. Até que você não demorou tanto assim para se transferir de Plano, não é? Como se sente?

— Bem, na medida do possível, obviamente. Um pouco abatido e cansado, porque a enfermidade que me vitimou foi aos poucos me debilitando de tal sorte que me sinto sem energia, se é que posso me utilizar desse termo para deixar as coisas mais claras.

— Pode, João, mas isso irá passar em breve com a assistência magnética. Vamos conduzi-lo a uma organização assistencial para tratar de seu caso e, em poucos dias, você estará novo em folha.

— Tomara, Rogério, porque esta carcaça está precisando de uma reforma — respondi, buscando descontrair um pouco a situação.

Fui internado em uma espécie de enfermaria e pude notar que em poucas semanas, não somente me sentia recuperado como também meu corpo dava mostras de maior juventude.

Diante do meu espanto, Roberval, o enfermeiro-chefe que me visitava com regularidade, esclareceu:

— João, não fique surpreso com o que está ocorrendo em sua organização perispirítica. O corpo sutil que envergamos altera-se com a nossa disposição mental. Quando buscamos manter o dinamismo em nossas vidas, o resultado imediato é maior juventude, sendo verdadeiros também os aspectos contrários a essa postura. Aproveite ao máximo esta oportunidade, porque o ensinamento de Jesus — *"a cada um segundo suas obras"* — é extensivo também ao Corpo Espiritual. Se levamos conosco o resultado de nossos pensamentos e ações como verdadeira herança de nós mesmos, é justo que a condição orgânica reflita aquilo que vai em nosso íntimo, concorda?

— Sim, concordo. Mas que surpreende, surpreende! Apesar de estudar com regularidade as Obras Espíritas, viver esta realidade em nós mesmos é totalmente diferente. Lembro-me de André Luiz, em seu livro *Nos Domínios da Mediunidade*, quando narra que adensou seu perispírito para poder ser visto por Ricardo, obsessor de Cláudio. Todas as narrativas voltadas para a plasticidade do perispírito impressionavam-me sobremaneira, porém jamais poderia imaginar que algo semelhante se passaria comigo em tão curto espaço de tempo no Plano Espiritual. Realmente esta experiência é uma bênção. Espero em breve merecer a sagrada oportunidade de voltar a trabalhar. Ser útil é o que mais desejo...

— Com certeza, João. Isso se dará em breve. Primeiro, vamos focar nossa atenção em seu pleno restabelecimento. Depois iremos ambientá-lo em nossa Colônia e o trabalho surgirá em paralelo. Agora, descanse, está bem?

— Obrigado, Roberval. Que Jesus possa retribuir tudo o que tem feito por mim!

— Meu amigo, quem faz verdadeiramente por todos nós é Jesus. Neste momento, sou apenas seu representante - completou, sorrindo.

CAPÍTULO 2

MEU AMIGO ESPIRITUAL

Apesar de ter sido um leitor contumaz das obras mediúnicas de Francisco Cândido Xavier (1910-2002), principalmente da série "André Luiz", não posso negar que as surpresas se sucederam nos dias seguintes à minha chegada.

A alimentação não se apresentava tão sólida como no planeta. No entanto, os alimentos oferecidos com base em vegetais, verduras e frutas necessitavam de uma mastigação normal para que o processo digestivo fosse o mais agradável possível, principalmente quanto à absorção dos nutrientes responsáveis pelo equilíbrio orgânico.

Em conjunto, variados sucos eram servidos, estimulando não somente o paladar, mas também auxiliando em minha rápida recuperação. As refeições eram, em média, quatro ao dia, respeitando o hábito que mantinha quando me encontrava encarnado. Dava-me a impressão de que os enfermeiros percebiam quando eu estava disposto a me alimentar.

Em pouquíssimos dias, mais fortalecido e confiante, já caminhava pelos jardins do Hospital tendo, em algumas oportunidades, a companhia de Roberval.

Certa manhã, enquanto caminhávamos, não contive a curiosidade em querer conhecer melhor o enfermeiro-chefe que me pareceu, desde o primeiro instante, um amigo de longa data. Iniciei o diálogo com uma indagação:

— Roberval, meu caro. Apesar da debilidade, que entendo ser natural, percebo que minha sensibilidade ainda é a mesma. Digo isso, porque desde o primeiro momento em que tive a satisfação de conhecê-lo, senti uma vibração familiar e de longa data.

Ele, sorrindo, explicou:

— Interessante, porque senti a mesma coisa, João. Mas posso explicar o motivo. Fui designado como o Amigo Espiritual responsável em acompanhá-lo em sua última existência.

— Não é possível! Você é o meu Mentor? Mas como não o reconheci quando aqui cheguei? Lembro-me de que nas oportunidades que tive em visualizá-lo pela clarividência, você se apresentava com trajes que lembravam um centurião romano...

— João, geralmente nós vemos muito daquilo que nos interessa, inclusive em relação à clarividência. Você sempre desejou ser amparado por uma pessoa que se mostrasse forte diante das suas necessidades na última existência, não estou certo?

— Sim, está!

— Muito bem. Para atender às suas expectativas neste quesito não encontrei nenhum problema, pois bastou que me apresentasse com o traje que enverguei em uma das reencarnações precedentes. Fui, sim, um centurião romano, que se converteu ao Cristianismo, lá pelo ano 89 do primeiro século.

— Que fantástico, Roberval! Você usando o recurso do autogoverno da forma.

— Isso não tem nada de fantástico. É natural e possível tão logo você possa dominar um tanto mais os aspectos plásticos do perispírito. No entanto, eu não poderia continuar envergando a vestimenta militar de quase dois mil anos atrás em nosso Hospital, concorda?

Rindo, confirmei gesticulando a cabeça em sinal de concordância, completando:

— Sem dúvida. Ficaria no mínimo, *sui generis*, ter que explicar a indumentária toda. Mas você, sendo meu Mentor, poderia ter logo adiantado essa informação, não?

Foi a vez de Roberval sorrir com meu alegre protesto:

— Meu amigo, acredito que o título "Mentor" seja maior do que realmente é a minha proposta e meu compromisso. Prefiro "Amigo Espiritual". Fica mais próximo da nossa realidade.

— Não imaginei que encontraria meu Mentor, digo, Amigo Espiritual, atendendo como enfermeiro-chefe no Hospital em que fui internado.

Novamente ele riu a valer...

— Você achou que eu iria ficar paparicando-o 24 horas por dia, João? Você já estava bem grandinho e sabia se conduzir. Ademais, os Amigos Espirituais destacados para esta função necessitam trabalhar como todos os outros. Utilizando de uma terminologia mais conhecida por todos nós, não somos mordomos exclusivos de nossos pupilos, mas, sim, amigos que podem ser chamados a qualquer instante, mesmo que esse chamamento não se dê de maneira consciente. Porque o estado vibratório de nosso protegido funciona como um verdadeiro aparelho de comunicação instantânea, permitindo que possamos, por nossa vez, nos desdobrar conscientemente e verificar o que precisa ser feito em relação às decisões de nosso tutelado. É evidente que sempre respeitando o livre-arbítrio daquele que nos propomos auxiliar, para que fique mais claro.

— Claríssimo, Roberval. Em alguns instantes, recordo-me de que praticamente falava com você e tinha orientações seguras para agir de forma mais adequada. Porém, nem sempre seguia à risca.

— Muitas vezes, eu não precisava tomar atitude alguma em relação às suas decisões, João. Não se esqueça de que todas as suas experiências acumuladas de outras existências e mesmo no período de intermitência, entre uma encarnação e outra, constituíram o seu tesouro pessoal, o qual é possível utilizar por meio do processo intuitivo. Não é privilégio seu nem de ninguém. Um dia, o Homem irá utilizar-se mais de seus patrimônios interiores, visando tomar decisões mais equilibradas e em benefício não somente de si mesmo, mas também dos seus semelhantes. Ainda é enorme o número de pessoas que vive como um barco sem leme, sendo atirado pelas ondas das emoções de um lado para o outro.

— É verdade. Aliás, é a mais pura verdade. Quantas vezes isso não aconteceu comigo? Quando, no calor das emoções, eu me via tomando atitudes das quais me arrependeria um pouco mais adiante, quando me asserenava. Mas, pelo menos uma coisa foi maravilhosa em minha vida e não posso negar. O fato de ter conhecido o Evangelho de Jesus por intermédio do Espiritismo. Por isso, procurei fazer mudanças comportamentais importantes em minha última existência. É óbvio que não tenho pretensão alguma de dizer que fui melhor do que ninguém, mas pelo menos, em alguns instantes, a metodologia educacional do Evangelho me livrou de cometer erros ainda mais absurdos.

— Você está correto, João. No dia em que as nossas decisões estiverem pautadas pelo amor, seremos irmãos em Cristo Jesus e conheceremos a verdadeira felicidade desta realidade incontestável de sermos filhos e filhas de um mesmo Pai. Mas deixemos por enquanto os nossos assuntos e vamos até o refeitório, porque está na hora de seu lanche matinal. Um bom suco de frutas o aguarda para auxiliar em sua recuperação no menor prazo possível.

CAPÍTULO 3

RECEBENDO INSTRUÇÕES

Entramos no refeitório do Hospital que, àquela hora da manhã, tinha um movimento intenso de trabalhadores ocupados em preparar o almoço que seria servido pontualmente ao meio-dia.

Aproveitei um pouco mais a companhia de Roberval para fazer-lhe outra pergunta:

— Diga, meu amigo, por que não pude perceber sua presença quando da minha saída do corpo físico, no momento do desencarne? Você estava lá?

Ele sorriu novamente, respondendo:

— Como não estaria em um dos momentos mais importantes para o meu tutelado? Mas é natural a sua indagação. Não é porque saímos do corpo, seja no desdobramento natural do sono ou no desencarne, que imediatamente passamos a usufruir de visão ampliada.

Lembre-se de que nosso cérebro físico limita nossas capacidades instaladas no perispírito. Muitos desencarnados conservam o foco naquilo que valorizam, mantendo seu poder de observação visual e mental, restrito àquilo que lhes é imediato. Um mundo novo se descortina diante do Espírito desencarnado. No entanto, sua capacidade de observação, para ampliar-se, necessita de exercício. A natureza não dá saltos, e este tempo é necessário para que a consciência da criatura não sofra qualquer tipo de agressão.

— Exercício?

— Sim, entretanto não somente os exercícios da observação mais acurada, porque esta é a parte mais simples do processo. Necessário se faz que o exercício seja entendido como estudo constante, reformulação de propósitos, trabalho no bem, enfim, Evangelização do Ser. Ninguém poderá alcançar resultados mais significativos na utilização de seu potencial psíquico sem trabalhar valores morais de respeito e amor a si mesmo, materializando esses aspectos na prática do bem para com o semelhante. Imagine, João, se algum ditador no planeta pudesse fazer uso de seus potenciais mentais que se encontram adormecidos sem a conquista moral, sem as mudanças necessárias de respeito a tudo e a todos? O que seria do mundo e das pessoas que se encontrassem debaixo de seus planos fanáticos e doentios?

E prosseguiu:

— Note que aquilo que possuímos de brilhantismo em nossa evolução, quanto à nossa inteligência, pode, por vezes, promover a destruição em massa, com total indiferença à vida e aos valores mais sagrados. É claro que somos hoje muito melhores do que ontem, porém ainda necessitamos trabalhar com maior empenho nas mudanças que se façam necessárias em relação ao nosso relacionamento para com o próximo e com o planeta que habitamos. A Terra não suporta mais tanto desrespeito com a natureza e nós, por nossa vez, não estamos mais suportando as agressões que fazemos a nós mesmos, principalmente quando investimos contra o direito do próximo ou imaturamente nos agredimos, com a desculpa de que o nosso corpo, ou a nossa vida nos pertence, alheios que ficamos em relação às Leis Divinas. A vida e até mesmo nosso corpo pertencem ao nosso Criador e, como usufrutuários que somos, prestaremos contas um dia, não para Ele diretamente, mas para nossa consciência, na qual a Sua presença está nos mostrando aquilo que precisamos refazer, ou, o que necessitamos desenvolver no terreno das virtudes, que são inerentes ao Espírito Imortal. O potencial sublime na criatura é, por vezes, tão negligenciado por nós mesmos, que nos iludimos com os aspectos exteriores da existência, acreditando falsamente que gozar a vida será animalizar-se, "reagindo" apenas diante das emoções, quando deveríamos "agir", conquistando desta maneira o autocontrole. Como você sabe, meu amigo, nada disso que estou dizendo apresenta novidade, mas é como o Evangelho de Jesus, que precisa ser estudado com regularidade para que fixemos os sublimes ensinamentos e busquemos pôr em prática o que até hoje insistimos em negligenciar.

— Roberval, eu concordo com você em gênero, número e grau, porque conhecer o Evangelho de Jesus e estudá-lo não basta para nos transformar. Necessitamos de sua aplicação em nossa vida. Caso contrário, continuaremos a malhar em ferro frio, não é?

— Faço uma analogia, João, com o ensinamento de Emmanuel por intermédio da pena abençoada do missionário Francisco Cândido Xavier, quando ensinou que a prece por si só é como acender a luz em um cômodo desarrumado. A luz não faz a arrumação do ambiente, mas mostra-nos o que temos que fazer. Significa que está mais do que na hora de agirmos. Conhecer a Lei da Reencarnação e a Boa-Nova do Cristo por si só não basta. É necessário que aproveitemos este conhecimento para realizar mudanças. Somos, por vezes, hábeis nos discursos, principalmente quando estes estão voltados para as nossas desculpas. No entanto, continuamos sendo resistentes em relação às ações.

— É fato, Roberval. Neste instante, é claro que falo apenas por mim e não poderia estender para aqueles com quem convivi, ou melhor, convivo, mas o que você acaba de dizer é a pura verdade. Sempre teorizei muito e pratiquei pouco, infelizmente...

— Porém, nosso Mestre Jesus continua nos ofertando as possibilidades de alterarmos os nossos padrões mentais de forma regular e constante. Urge prestarmos maior atenção para que nossa existência não passe em branco e não sejamos surpreendidos diante de nós mesmos, seja no plano físico ou espiritual, com posturas equivocadas, como o sacerdote e o levita citados na Parábola do Bom Samaritano que encontramos em Lucas, capítulo 10, versículos 25 a 37, que explica que ao passarem pelo homem que se encontrava semimorto após ser assaltado e espancado, preocuparam-se mais consigo mesmos e nem sequer prestaram-lhe atenção ou qualquer socorro. Precisamos, na verdade, agir mais como o Samaritano, porque, enquanto insistirmos em ser como o sacerdote e o levita, colheremos os espinhos em forma de lágrimas, distensões e dores que poderiam há muito ser evitadas.

— O orgulho e o egoísmo, não é Roberval? Sempre eles...

— Você está certo. Sempre eles... A questão é: será que já não é hora de nos conscientizarmos a respeito de nossa verdadeira natureza e também a do nosso próximo? Por quanto tempo ainda estaremos desatentos quanto à nossa filiação, natureza e potencial? Há mais de dois mil anos Jesus nos ensinou que somos deuses, mas quando começaremos a utilizar os nossos Potenciais Divinos em favor do próximo?

A conversa estava agradável, mas eu sabia que Roberval necessitava voltar às suas atividades, e eu, para o meu aposento, onde, sem dúvida, teria muito material para refletir...

CAPÍTULO 4

OPORTUNIDADE DE TRABALHO

Tinha para mim que o famoso "descanse em paz" fora utilizado em um período da Humanidade, no qual a grande maioria necessitava acreditar neste tipo de orientação.

Para os Espíritos infantis na evolução, a morte do corpo físico não somente era envolta em mistérios, como também em terror. A frase "descansar para sempre" estava ligada aos aspectos mentais de uma época em que o trabalho surgia, por vezes, como verdadeira punição. Era reservado principalmente aos escravizados ou aos indivíduos desclassificados dentro da sociedade em que viviam. "Coisa de gente inferior", segundo acreditavam enganosamente alguns.

Percebi, neste curto espaço de tempo entre o meu desencarne e minha estada na Instituição, que precisava de atividade. Naturalmente, meu estilo de vida sempre ativo começava a me cobrar esta postura.

Sabia, no entanto, que a organização no Plano em que me encontrava era muito maior quando comparada aos padrões da dimensão material. Eu deveria me conter e aguardar o momento adequado para oferecer-me ao trabalho.

Tinha à disposição na mesinha de cabeceira, o livro *O Evangelho Segundo o Espiritismo*, a *Bíblia* e também uma obra com ensinamentos de Sidarta Gautama, o Buda.

Sentei-me próximo à janela, por onde uma brisa suave envolta em perfumes de flores, adentrava. Respirei a longos haustos, buscando sorver o alimento da vida enquanto abria "ao acaso" o *Novo Testamento.* Meus olhos fixaram-se na Parábola do Semeador[1]. Li compassadamente a lição de Jesus e, refletindo sobre as questões das sementes lançadas, perguntava a mim mesmo como estaria eu posicionado diante da vida? Até onde os espinheiros dos interesses materiais não tinham sufocado meus anseios de crescimento, ou a questão da negligência das lições do Evangelho não representaria em mim a semente caída à beira do caminho? Difícil mesmo era considerar-me terreno fértil...

Mas, como sabemos que o Senhor não desampara Seus filhos, fui surpreendido por uma jovem enfermeira que bateu à porta.

— Sr. João, bom dia! Com sua licença, posso entrar?

— Claro, minha jovem, por favor, entre sem cerimônia...

— Meu nome é Clara. Muito prazer.

— É todo meu. Posso ser útil em alguma coisa?

---

1 *Bíblia Sagrada* - Mateus 13: 1-23.

— Nosso diretor, o Dr. Ernesto, gostaria de falar com o senhor logo após o almoço. Às 14h está bem?

— Como não? Você deve saber que minha agenda parece ter muitas horas vagas — brinquei.

— Perfeito. Então, passo pelo seu aposento às 14h em ponto para acompanhá-lo. Pode ser?

— Sem dúvida que sim. Obrigado!

Clara saiu e imediatamente fui conferir como estava minha aparência. Minhas roupas eram uma espécie discreta de uniforme, típica dos pacientes ali atendidos. Falar com o diretor da Instituição me preocupou e pensei que o melhor a fazer seria transmitir uma excelente impressão a meu respeito.

Encontrava-me muito bem disposto e achei melhor almoçar no refeitório da Instituição.

Fui servido à mesa por um jovem solícito, cujo tratamento reservado à minha pessoa impressionou-me pela educação e pelo carinho demonstrados.

Fiz um almoço ligeiro, composto de uma boa salada, legumes e suco de frutas. Notei que grande parte dos alimentos era servida em forma pastosa para a maioria dos trabalhadores. Estranhei a diferença, porque os pacientes recebiam os produtos praticamente *in natura*.

Como se tratava da primeira vez que eu estava almoçando no refeitório, achei melhor administrar a curiosidade e mantê-la dentro da discrição.

Não demorou muito e uma mão amiga tocou em meu ombro.

— Como vai, João? Gostando da experiência?

— Roberval, sempre me surpreendendo agradavelmente...

— Que tal o almoço?

— Fantástico! Extremamente vegetariano, eu diria. Posso, para variar, fazer uma pergunta?

— Já sei, João. Por que o seu alimento não é semelhante ao dos demais. Estou certo?

— Lendo pensamentos também? Isso não é justo — completei, alegremente.

— Um pouco, mas isso não é importante. Não será você a primeira pessoa a perguntar a respeito.

— Recorda-se de nossa conversa hoje pela manhã?

— Como não? Perfeitamente!

— Tudo é uma questão de adaptação, meu amigo. Chegará a hora em que você não necessitará de alimentos tão sólidos, porque o aparelho digestivo estará habituado à nova condição. Mas nada de antecipar as coisas. Tudo a seu tempo. O fato de desencarnarmos não modifica nossas questões imediatas em relação ao perispírito. É necessário certo período para desfazermo-nos das energias mais espessas de nosso envoltório. Esqueceu-se das lições de André Luiz na obra *Os Missionários da Luz*, quando ele narra por intermédio do nosso querido Chico o processo reencarnatório de Segismundo? Não trata o iluminado Mentor dos aspectos relativos às energias assimiladas no perispírito pela alimentação e tempo de convivência no Plano Espiritual e seu despojamento necessário?

— Sim, agora me lembro. O contrário, então, faz todo o sentido. Quanto tenho que aprender, não é mesmo?

— Também para isso você precisará de um tempo. Não se preocupe. Aproveite para observar, porque uma coisa é certa: para a criatura atenta, a vida oferece lições a cada instante.

Terminada a saborosa refeição, fui até meu aposento para encontrar-me com a atenciosa enfermeira.

Pontualmente, às 14h, ela me chamou:

— Pronto, Sr. João?

— Prontíssimo. Por favor, trate-me apenas por João, está bem?

— Como você achar melhor.

Chegamos à sala do diretor do Hospital, que me aguardava.

Dr. Ernesto aparentava ter uns 40 anos no máximo, no entanto, sua vibração demonstrava superioridade e sabedoria.

— Boa tarde, meu caro! Como tem passado no seu retorno à Pátria Espiritual?

— Muito melhor do que eu poderia supor.

— Que bom! Fico feliz por ouvir isso de você. É sempre uma alegria recebermos companheiros conscientes de seu estado. Espero que não se incomode, mas pedi a Roberval que participasse de nossa reunião. Nada formal, evidentemente...

— Claro que não me incomodo. Aliás, é um prazer tê-lo em nossa companhia.

Roberval não demorou a chegar. Saudou o diretor com muito respeito. Meu Mentor, ou Amigo Espiritual como gostava de ser chamado, aparentava ser mais velho que o Dr. Ernesto, aproximadamente uns 15 anos de diferença, demonstrando, profunda serenidade no olhar, refletindo uma alma tranquila.

— João, meu novo amigo, tenho comigo sua ficha de trabalho nas lides Espíritas, desde o seu ingresso em uma instituição no planeta.

— Recordo-me desta época com saudades, doutor. Eu era o porteiro do Centro.

— Sim, sim... Mas o que importa a posição que ocupamos? O que vale é o serviço bem realizado em nome de Jesus, não é verdade?

— Sem dúvida, doutor.

— Muito bem. Seu currículo é vastíssimo, porém, o que chamou minha atenção é que você trabalhou durante um bom tempo na Evangelização dos Companheiros Espirituais, um termo que eu prefiro em substituição a desobsessão.

— Foi um trabalho que abracei até o meu desencarne.

— Verifiquei que a grande maioria dos desencarnados encaminhados para a assistência que você coordenava era suicida, muitos deles desencarnados pelo uso de entorpecentes. Está correta a informação?

— Sim, corretíssima.

— João, posso lhe fazer uma pergunta?

— Com certeza, doutor. Por favor...

— Sente-se disposto para o trabalho?

— Dentro dos meus parcos recursos, sinto-me muito bem. Estou pronto para o trabalho que o senhor me oferecer. Qualquer atividade em que possa me sentir útil e colaborar no bem será muito bem-vinda.

— Excelente, João. Conversei inicialmente com o nosso caro Roberval, e decidimos que lhe convidaríamos para uma atividade que acreditamos estar à sua altura ou até mesmo, que você supere as nossas expectativas.

Eu tinha plena certeza de que as palavras de estímulo que recebia partiam de um coração nobre e conhecedor dos meus mais íntimos pensamentos. No entanto, a Nobre Entidade apresentava-se como uma pessoa comum, naturalmente para não ferir a minha pequenez.

— Doutor, seja o que for, fico imensamente grato.

Quando terminei a frase, meus olhos estavam marejados de lágrimas.

— Perdoe a emoção, meus amigos...

— Estamos entre irmãos. Entenda que só aportamos neste Plano antes de você. Somos simples operários do Cristo, nada mais... O que temos para lhe oferecer e que esperamos ser do seu agrado será participar da Equipe de Roberval, no atendimento aos nossos irmãos suicidas. O que você acha da tarefa? Gostaria de participar?

O diretor da instituição tratava-me com tamanho respeito e humildade que me emocionavam profundamente. Senti dificuldades em controlar as lágrimas e a voz para poder dar-lhe uma resposta. Depois de respirar fundo, somente consegui dizer:

— Doutor, para mim é uma honra...

— A honra é nossa em termos você conosco. Seja bem-vindo às tarefas com Jesus.

— Muito obrigado, doutor. Obrigado, Roberval...

Despedimo-nos e me encaminhei para o meu aposento, onde me sentei na cama e, entre lágrimas de felicidade, pronunciei sentida prece de agradecimento a Jesus e a Deus, Nosso Pai, pela oportunidade de trabalho oferecida.

Estava novamente me candidatando às atividades em favor do bem, na realidade, em favor de mim mesmo... Imediatamente, lembrei-me do ensinamento de Jesus, *"em verdade vos digo que quando o fizestes a um destes meus pequeninos irmãos, a mim o fizestes"*[2].

Tinha plena consciência da minha pouca evolução,

---

2 *Bíblia Sagrada* - Mateus 25:40.

mas, naquele instante de prece e felicidade pela oportunidade do serviço, encerrei meus agradecimentos, dizendo:

— Mestre, o Senhor sabe o quanto sou ainda necessitado de Seu amor para sustentar-me na presente jornada. Porém, ajude-me em meu humilde compromisso, pois estou certo de que farei tudo o que estiver ao meu alcance para minimizar a dor de meus irmãos em Seu nome. Obrigado, Senhor, e que assim seja!

CAPÍTULO 5

PRIMEIRA EXPERIÊNCIA

Horas depois, recebi uma chamada de Roberval pelo telefone de meu aposento informando-me que poderíamos nos encontrar no refeitório por volta das 7h, para o desjejum. Após, iríamos visitar um dos pavilhões anexos à Instituição, onde se encontravam vários irmãos suicidas já em razoável estado de recuperação.

Tratei de recolher-me para estar devidamente preparado para o início de minhas atividades.

Despertei bem cedo e rumei para o refeitório. Tomamos o café da manhã rapidamente, enquanto ele me adiantava alguns pontos relativos à nossa visita.

— João, você estava acostumado a atender nossos irmãos suicidas por meio da mediunidade. Porém, os casos que vou lhe apresentar, apesar do bom processo de recuperação, poderão impressioná-lo pelo estado em que o perispírito se encontra. Peço a você que se mantenha vigilante e em prece o tempo todo.

Nós nos dirigimos ao pavilhão anexo ao Hospital. Para entrarmos, substituímos nossas roupas por uniformes de enfermeiro e nos submetemos ao processo de higienização em câmara específica. Segundo meu Instrutor, estes cuidados também seriam tomados ao término de nossa visita.

O edifício era enorme, constituído de 20 andares. No ambiente tranquilo, podia-se ouvir uma música suave transmitindo maior harmonia para o local.

Em seguida, nos dirigimos para o último andar, onde fomos recebidos por um enfermeiro atencioso que nos conduziu até a sala do médico plantonista daquela seção.

Dr. Diogo recebeu-nos com muita cordialidade. Tratava-se de um homem maduro, aparentando 60 anos. Percebia-se sua origem portuguesa por causa do sotaque acentuado.

— Como tem passado, meu amigo Roberval?

— Bem, Dr. Diogo. Este é o João, de quem lhe falei.

O facultativo estendeu-me inicialmente a mão, para logo depois me envolver em um abraço forte, como se fôssemos amigos de longa data.

— Seja bem-vindo, meu caro. Roberval informou-me sobre as atividades que você exercia quando estava encarnado e que elas estavam ligadas aos nossos irmãos que vivenciaram o suicídio. Fico feliz em tê-lo como nosso colaborador. Para quem praticamente acaba de chegar, estar iniciando nas tarefas de atendimento é simplesmente maravilhoso.

— Sim, doutor, obrigado pela oportunidade. Preciso

trabalhar, porque, sem atividade, já estava me sentindo um peso para os amigos que me acolheram.

— Muito bem, João. Excelente a sua disposição. Vamos, então, ao que o trouxe aqui. Neste andar encontram-se os nossos irmãos em estado emocional um pouco mais equilibrado. Com o tempo e maior experiência, você poderá se candidatar ao atendimento de situações mais emergenciais.

Seguimos o Dr. Diogo até o quarto do primeiro interno. Ao entrarmos, tive a impressão de que sobre o leito havia uma múmia, tal era a quantidade de bandagens que envolviam o irmão que ali estava.

O médico achegou-se próximo da cabeça do paciente. As bandagens deixavam a descoberto somente parte da boca, nariz e um dos olhos. O médico perguntou:

— Sente-se melhor hoje, Arlindo?

— Hum, hum... — Foi a resposta recebida.

— Viemos aqui para orar com você. Acompanha-nos na oração do *Pai-Nosso*?

Novamente, o único som que aquele pobre irmão emitia era um gemido rouco, nada mais. O facultativo fez a prece que Jesus nos ensinou há mais de dois mil anos, com sentida emoção. Pude verificar que de seu centro de força cardíaco, saíam luzes que se derramavam sobre o paciente e, ao mesmo tempo, claridades sutis em tom azulado desciam do alto envolvendo-nos a todos.

Ao término da oração, ele voltou a questionar:

— Como você está agora, meu bom amigo? Sente-se melhor?

— ... Melhor... melhor...

— Então, descanse. Voltarei mais tarde para ver o seu progresso.

Ao sairmos do aposento, perguntei:

— Doutor, o que ocorreu com o nosso Arlindo?

— Suicidou-se incendiando o próprio corpo com gasolina. Seu estado atual é excelente, se analisarmos a sua chegada a este Hospital. Quando desperto, o que ocorre somente durante algumas horas por dia, mantém a consciência clara sobre o seu estado. Sabe que desencarnou pela via dolorosa que escolheu. Arlindo era um homem rico e bem-sucedido nos negócios, casado e pai de cinco filhos. No entanto, não suportou a prova do divórcio solicitado pela esposa que não conseguia conviver com o ciúme doentio do marido. Deixou um bilhete cruel para a consorte, dizendo que a morte dele seria para ela a cruz que carregaria pelo resto da vida e que sua consciência culpada ficaria marcada pela desdita ao recordar que o suicídio fora motivado pela frieza de seu coração.

— Jesus! Doutor, como estará a nossa irmã?

— Não tive notícias ultimamente. Porém, soube que ela passou a frequentar um Centro Espírita onde recebeu assistência adequada, recuperando-se do choque. Entretanto, Arlindo vive não só a dor que impôs a si mesmo pelo gesto impensado como também é responsável por querer transferir seu infortúnio para a companheira. Não poderá isentar-se, pois poderia ter promovido uma verdadeira desgraça no seio da família. Felizmente a esposa mantinha certa dose de equilíbrio, além de ser amparada por familiar amigo que a levou à Instituição Espírita, conforme mencionei.

— Ela poderia ter tomado o mesmo caminho? O senhor acha possível que ocorresse outro suicídio?

— Possibilidade sempre existe. Neste caso, se a esposa não chegasse às vias de fato, uma enfermidade mais séria teria grande chance de instalar-se. Um caso depressivo grave, incapacitando-a e reduzindo sua estada no planeta. Não é só o gesto violento que pode tirar a vida de uma pessoa. As palavras ditas ou escritas têm grande poder em mudar o rumo de uma existência. Foi exatamente por isso que Jesus nos ensinou o *"vigiai e orai"*, para que não entremos em desequilíbrio e, por nossa vez, não sejamos responsáveis pelo desequilíbrio alheio.

— O tempo de recuperação de Arlindo será longo, doutor?

— Creio que em aproximadamente seis meses consigamos retirar o excesso de bandagens, mas, para termos condições de avaliar seu estado geral e recolocá-lo em uma atividade de preparação com fins reencarnatórios, deveremos aguardar mais uns cinco anos.

— Cinco anos de recuperação?

— Considerando que este período em média é curto, no caso de Arlindo. Teremos muito trabalho pela frente, com cirurgias para poder minimizar os impactos que o fogo causou em seu perispírito. Se é uma realidade que aquilo que pensamos interfere em nossa saúde física, o que impomos ao nosso corpo físico interfere em nossa saúde perispiritual.

— Quando reencarnar, Arlindo sofrerá de alguma enfermidade?

— Sim, infelizmente, o nosso paciente irá conviver

com o pênfigo foliáceo durante a sua próxima existência.

— É lamentável o mal que criamos para nós mesmos — disse Roberval.

— Desculpem-me a curiosidade. Mas que tipo de assistência posso prestar aqui no Hospital?

— Inicialmente, você visitará os nossos pacientes, levando o lenitivo da prece e aplicando o passe. Como você não desconhece, as sessões de fluidoterapia são poderosos medicamentos para o Espírito.

— Quantos internos encontram-se neste andar, doutor?

— Incluindo a ala de enfermaria, cerca de trezentos.

— Trezentos?

— Você não queria trabalhar, João? — perguntou o médico, sorrindo. Para visitar todos e aplicar o passe, você terá atividade durante toda a semana. Alguns casos serão mais delicados, nos quais sua permanência com o paciente deverá ser estendida. O que mais esses nossos irmãos necessitam é do nosso amor, paciência e dedicação. Vamos! Continuemos as nossas visitas.

CAPÍTULO 6

ALZIRA

Acompanhamos o Dr. Diogo até o próximo aposento. Ao entrarmos, um odor repugnante envolvia todo o ambiente, apesar da higiene e de um equipamento que expelia uma espécie de gás, permitindo que o ar se tornasse mais saudável.

Confesso que fiz uma força enorme para não demonstrar a ânsia que senti. Teria sido total falta de caridade qualquer atitude de minha parte diante de quadro tão doloroso.

A irmã que estava sob o leito tinha suturas por todo o seu corpo, pelo menos nas partes que estavam expostas, como rosto, braços e uma das pernas. Dava-me a impressão de ter sido retalhada em pequenos pedaços.

De várias feridas saía um líquido com a consistência do pus, porém de coloração marrom-escuras, o que me pareceu ser responsável pelo odor do local.

Roberval, muito discretamente, aproximou-se de mim e falou:

— Aumente a vigilância e recorra à prece que possui a capacidade de fortalecer-nos até nestes instantes, fazendo com que suportemos as situações mais delicadas e desagradáveis. Caso necessite, coloque a máscara que você encontrará no bolso de seu uniforme.

Procurei evitar qualquer reação quando vi que o médico e meu Mentor mantinham-se impassíveis diante da situação e com uma postura de profundo respeito pela infelicidade da nossa irmã.

— Como você está nesta manhã, minha querida Alzira? —perguntou o Dr. Diogo.

— Ajude-me por misericórdia. Tenha compaixão e aplaque a minha dor. Não suporto mais, não suporto mais...

Repetindo suas últimas palavras, a paciente desmaiou.

Roberval e o facultativo aproximaram-se e, imediatamente, aplicaram passes longitudinais, minimizando inclusive a quantidade de material que era expelido de algumas suturas. Pude notar que o corpo de Alzira vibrava durante a aplicação fluidoterápica.

Mantive-me em prece, pedindo a Jesus para que eu auxiliasse a jovem que estava diante dos meus olhos, da melhor maneira possível, porque tinha exata noção de minhas limitações.

Ao término da operação, a paciente mostrava-se tranquila e num sono profundo, dando-me a impressão de que fora anestesiada.

Nosso anfitrião convidou-nos a sair. A sensação que tive ao me retirar do quarto, foi a de ter saído de um verdadeiro pântano onde estava envolto até o pescoço.

Desta vez, foi Roberval quem me esclareceu, antes mesmo que eu formulasse a pergunta que estava em minha mente:

— Meu amigo, não se preocupe com estes aspectos, pois você está apenas iniciando seu trabalho. Na realidade, tudo é uma questão de tempo e experiência, para que você não só se acostume, mas também mantenha total controle diante de situações semelhantes. O exercício constante do amor fraterno capacita-nos a neutralizar grande parte das bactérias que produzem odores desagradáveis. O que seria dos nossos irmãos mais elevados, quando visitam as regiões umbralinas, se não tivessem esta capacidade? Utilizando-me de um simples exemplo conhecido na Terra, não faz muito tempo que os nossos médicos conheciam o tipo de bactéria cheirando as feridas de seus pacientes. Veja como a ciência evoluiu, trazendo-nos laboratórios que se especializam cada vez mais no sentido de facilitar o diagnóstico, transmitindo inclusive maior segurança para o próprio paciente. Não estamos descartando os aspectos práticos do facultativo missionário que tem, no seu processo intuitivo, conhecimentos angariados pela experiência, além do aprendizado que realizou em outras existências, facilitando o seu trabalho e abrindo as portas para a inspiração das Entidades Espirituais Amigas. Ainda são poucos os que entendem que — para diagnosticar, quando se encontram na condição de profissionais da Medicina e também para aqueles que estão como pacientes — o recurso da prece abre os canais inspirativos e intuitivos, facilitando não somente o trabalho do diagnóstico, como do tratamento a ser ministrado. Por sua vez, o paciente abre-se para a confiança no médico que o atende, permitindo, por meio da oração, a atuação direta de seus Amigos Espirituais ou de médicos desencarnados que vêm em seu socorro. Mas, diga-me com sinceridade, João: quantas vezes nós nos lembramos de orar por nós ou pelos profissionais que nos atendiam quando de nossas consultas?

— Roberval, sendo sincero, nunca passou pela minha cabeça desatenta que poderia favorecer tanto a minha própria pessoa nestes momentos.

— Pois é. Veja como a prece pode atuar em nossas vidas. Por isso, a recomendação do Apóstolo Paulo, de que devemos *"dar graças a Deus por tudo"*.

— Vivendo e aprendendo, Roberval. Ainda bem que

nem "morto" eu deixei de viver para aprender — completei, sorrindo.

— Falando em aprender, posso perguntar o que se passou com a jovem que acabamos de visitar?

— Doutor, o senhor poderia relatar o caso? — perguntou Roberval.

— Como não? Nossa querida irmã também sofreu um revés em um relacionamento. Encontrava-se apaixonada por um rapaz que conhecera em uma das chamadas "baladas" que frequentava. Certa noite, ao sair do trabalho com uma amiga, foi em direção a um shopping, para comprar um presente para aquele de quem se enamorara. O aniversário dele estava próximo e ela queria fazer-lhe uma surpresa. Porém, ao estacionar seu veículo, notou que, no carro ao lado do seu, o namorado estava aos beijos e abraços com outra garota. Promoveu-se o escândalo, apesar da amiga tentar contornar a situação. Como Alzira não tinha a menor condição de dirigir o seu veículo, a amiga tomou o volante e rumou para casa na esperança de que a pobre moça se acalmasse saindo do local. Durante o trajeto, em uma avenida de grande movimento, Alzira soltou o cinto de segurança, abriu a porta e atirou-se do carro. Seguia ao lado um caminhão de grande porte, cujo motorista não teve tempo para usar os freios.

— Bem, o restante, você pode imaginar...

— Meu Deus, que lamentável, doutor! Agora entendo a situação das cicatrizes, mas de que se trata aquele material que é expelido de grande parte das suturas?

— A mente da jovem ateve-se ao processo do sepultamento. Sempre acreditou que a morte era o fim de tudo. Que a terra faria o seu serviço, entrando em seu corpo pelas cavidades que, aos poucos, os vermes fossem abrindo. Plasmamos, João, em nós mesmos aquilo que, de fato, acreditamos como verdadeiro. Infelizmente, muitos ainda insistem na tola versão do materialismo que acredita que, depois da vida, somente o "nada" nos aguarda.

— Tem razão, doutor. E como é grande ainda o número de seus adeptos pelo mundo, não?

— Não somente pelo mundo físico, meu caro. Existem muitos que aqui estão e que, mesmo tendo alguma clareza de raciocínio, continuam a crer firmemente que o "nada" é o que os aguarda depois do desencarne.

— Mas não estão todos desencarnados?

— Sim, como nós. Mortinhos da Silva, termo que costumeiramente nossos irmãos brasileiros costumam utilizar. No entanto, cada coisa tem sua hora e Deus não nos impõe nada. A grande maioria desses nossos irmãos acredita que vive aqui a vida verdadeira e por que razão violentá-los em suas crenças?

— Mas não percebem nenhuma diferença em relação à nova realidade?

— João, você vê aquilo que lhe interessa, de acordo com os seus valores. Quantas vezes recebemos alertas em relação ao nosso comportamento e nem sequer procuramos levar em consideração que aquilo que promovemos é inadequado? Quando estamos fascinados pelos nossos interesses, vemos somente aquilo que nos atenda diretamente, nada mais, não é assim?

— O senhor tem razão, doutor. O fascínio nos cega de fato.

— Foi por isso que Jesus veio abrir a nossa visão sobre a imortalidade da alma, para que não continuássemos na cegueira, não nos tornando, inclusive, condutores de cegos.

CAPÍTULO 7

INFORMAÇÕES ADICIONAIS

— Concordo com o senhor, doutor. Infelizmente, a cegueira em relação ao Evangelho de Jesus ainda é muito acentuada entre os homens. Retornando ao assunto dos pacientes que acabamos de visitar, o senhor me permite fazer mais uma pergunta?

— Como não? Sinta-se à vontade.

— Onde estavam Arlindo e Alzira antes de serem internados neste Hospital?

— Ambos em total processo de inconsciência quanto à condição de desencarnados. Arlindo encontrava-se dentro do lar, especificamente na garagem de sua casa, local escolhido para o grave cometimento. Sentia seu corpo em chamas, gritando por socorro para que alguém pudesse tirar-lhe da agonia em que vivia. Sua esposa, ao iniciar a assistência no Centro Espírita, ligou-se aos Mentores que a atendiam e eles mesmos foram os responsáveis pelo resgate de Arlindo, encaminhando-o para o nosso Hospital, não sem antes trabalharem arduamente para afastar determinados vampiros que buscavam se locupletar com o fluido vital de nosso irmão. Com Alzira, a situação apesar de ser aparentemente mais dolorosa, por não manter nenhum grau de consciência, foi resgatada por Equipe especializada que atua no cemitério onde seu corpo foi sepultado. Note, João, que todo suicida já criou seu próprio inferno particular e Deus, Nosso Pai que nos ama infinitamente, busca amparar todos os Seus filhos que se encontram em desespero ou são inconsequentes em relação à vida.

— Mas, doutor, e a condição do merecimento?

— Quando auxiliamos, perguntamos para o assistido se ele merece ou não?

— Não, senhor. Seria no mínimo antiético, porque não dizer, um verdadeiro absurdo.

— Então, como o Senhor nos deixaria relegados à própria sorte? A questão é de convivência, se posso interpretar assim a sua próxima pergunta.

— Nossa! O senhor está muito rápido nas respostas — exclamei.

— Veja, meu amigo. Se Alzira não construiu grandes Amizades Espirituais, também não fez inimigos. Sua inconsequência já trouxe suficiente dose de sofrimento para si mesma. No entanto, ela não se expôs a situações nas quais tenha lesado seu semelhante. É responsável direta pelo crime que cometeu, destruindo o próprio corpo e, quando for o momento adequado, reencarnará buscando aspectos que valorizem a existência e o patrimônio físico do qual, na verdade, é apenas usufrutuária. Mas o que você gostaria de saber é referente às questões de sintonia e consequentemente às companhias com as quais convivemos, estou certo?

— Sim, está!

— A verdade é que somos assistidos por aqueles que se interessam por nós, na exata medida do nosso interesse por eles. A condição básica do *"semelhante atrair o semelhante"* é fato indiscutível. Como exemplo, imaginemos a situação de uma vida criminosa, em que a criatura esteja envolvida com seus afins. Quem são as suas companhias a não ser gente que se compraz com esse nível de vibração e atitude?

— Os que se habituaram ao crime, doutor.

— Correto, João. Logo, ao desencarnar, quais serão as suas companhias?

— Os que vibram no mesmo diapasão.

— Considerando que o Senhor nos respeita, estaremos com estas pessoas pelo tempo que acharmos conveniente, não?

— Sim, faz sentido...

— Porém, o Senhor da Vida não poderia amar menos que um coração materno, estou certo?

— Certíssimo...

— Uma mãe que veja o seu filho marginalizado não procuraria socorrê-lo?

— Sem sombra de dúvida! Vemos isso com regularidade. É comum até utilizarmos a simples expressão de que "mãe é mãe", porque em tudo procura nos atender com o seu amor.

— Sim, João. Para Deus, todos somos Seus filhos e filhas, sem que Ele faça distinção ou tenha preferências. Em Sua Infinita Misericórdia e Justiça nos respeita, no entanto, Seu amor não nos falta nunca. Deus não pune, educa. Mesmo para aquele criminoso que não tem méritos no campo do amor, é inconcebível que Deus o abandone. Todavia, não irá privilegiá-lo. Será sempre responsável pela liberdade mal utilizada. Trata-se da Lei de Causa e Efeito, mas, se o exemplo em questão não irá receber privilégios, isto não quer dizer que fique para sempre abandonado. Aquele que prefere o caminho do mal que, na realidade, é a ilusão do Espírito no fascínio do egoísmo, responderá pelos danos causados para o seu semelhante tanto quanto para si mesmo. Entretanto, jamais será abandonado por Deus, que por meio de sua consciência desperta, apresentará novas oportunidades para o filho ou filha desgarrados. A insistência no erro nos coloca em expiação, e aquele que não aceita a necessária corrigenda cria para si situações mais dolorosas que serão vivenciadas para seu próprio bem, visando o aprendizado e Crescimento Espiritual. Jesus nos orientou que será lamentável a escolha pela porta larga, que significa o caminho das facilidades e do desrespeito ao direito do outro ou a si próprio. Um dia, todos terão que jornadear pela porta estreita e só Deus sabe a quantidade de bagagem que estaremos levando. O viajor apegado às suas coisas carrega praticamente a casa dentro de suas malas, mas aquele que busca ser coerente procura levar o mínimo necessário. A bagagem contempla os prejuízos causados a nós mesmos e aos outros. Apesar de sermos socorridos por Deus, Ele não irá interferir em nossos apegos em relação ao que decidimos levar ou não. Portanto, isso fica por nossa conta, conforme ensinou Jesus: *"A cada um de acordo com as suas obras"*.

CAPÍTULO 8

GENIVALDO

Demos continuidade às nossas visitas, e o Dr. Diogo nos conduziu à parte central do andar onde ficava a enfermaria com os casos de suicídios considerados mais simples, podendo dessa forma ficarem agrupados.

Entramos em um amplo salão, extremamente bem-cuidado, onde aparelhos emitiam um suave perfume de flores deixando uma atmosfera agradável. A iluminação indireta permitia que divisássemos o ambiente, porém dava-nos a impressão de maior conforto aos pacientes. Os leitos eram separados por cortinas de material tênue, permitindo certo isolamento.

O médico aproximou-se de um dos internos, com atitude semelhante aos dois casos que eu acabara de presenciar.

O aspecto do paciente era um tanto melhor em comparação aos dois primeiros, a despeito da tez apresentar uma coloração cadavérica, com os ossos do rosto quase rompendo a pele que os recobria.

Apesar da alvura do lençol, o material era denso o suficiente, obliterando a visão do corpo todo, que, a princípio, me pareceu esquelético.

Percebi que braços e pernas pareciam estar contidos por alguma espécie de saco de dormir, não permitindo que o paciente tivesse os movimentos livres.

— Como está, Genivaldo?

— Não estou bem, doutor. Além de me tratarem como um prisioneiro, os seus assistentes agem como se eu fosse um enfermo irrecuperável. Prendem-me neste leito há dias... Já disse que estou bem... Quero sair daqui para voltar à minha vida normal...

— Tenha calma, Genivaldo, você logo receberá alta. Mas precisamos tratar de sua úlcera, que agrediu gravemente seu estômago. Preciso que tenha um pouco mais de paciência e se esforce para auxiliar nossos enfermeiros a serem mais efetivos quando venham assisti-lo.

— Mas, doutor, eles poderiam me deixar livre e não amarrado nesta cama, dentro deste saco.

— Entendo. Porém, esse material que o envolve é medicinal. Utilizamos não necessariamente para contê-lo, mas, sim, para a aplicação de fluidos energéticos e balsamizantes, buscando aliviar seu desconforto e suas dores.

— Isso é verdade. Mas eu me sinto melhor e mais disposto. Preciso sair daqui...

De repente, o corpo do paciente começou a apresentar fortes espasmos, dando-me a impressão de ser portador da Síndrome de Tourette.

Roberval foi quem se dirigiu a mim, solicitando:

— João, por favor, aplique-lhe um passe.

Concentrei-me no centro coronariano, impondo-lhe a destra e mentalmente orei pedindo o socorro dos Bons Espíritos, principalmente do Dr. Bezerra de Menezes.

Senti naquele instante um envolvimento de energias pacificadoras que eram transmitidas pela minha mão, cuja temperatura da palma aumentara significativamente. Quando encerrei e abri os olhos, ainda pude verificar eflúvios azul-claros com fios prateados que saíam de minha destra, tranquilizando o paciente.

Agradeci profundamente a assistência dos Amigos Espirituais, percebendo que, apesar de me encontrar no Plano dos desencarnados, recebia de uma Dimensão mais Elevada a atenção e o amparo de Entidades voltadas para o bem. A presença do Dr. Bezerra por intermédio de seus pensamentos de amor fraterno, deu-me a impressão de estar em contato direto com a Nobre Entidade.

Foi o Dr. Diogo quem tomou a palavra:

— Muito bem, João. Excelente trabalho. Vejo que o querido pupilo de Roberval está pronto para a tarefa.

— Agradeço a confiança e o estímulo uma vez mais, doutor, apesar de ser consciente de minhas limitações.

— Todos nós temos nossos obstáculos. Mas Jesus conta conosco dentro daquilo que já possamos dar, de acordo com as nossas melhores intenções — esclareceu Roberval.

Em seguida, nos afastamos do leito do irmão que agora repousava tranquilo e nos dirigimos a uma pequena sala reservada, onde reiniciei nossa conversa.

— Posso abusar mais uma vez, meus amigos? Gostaria...

— ... De perguntar? — completou Roberval sorrindo, fazendo com que eu e o Dr. Diogo nos descontraíssemos.

— Sim, é isso mesmo. A minha curiosidade não tem limites...

— Que nada, João. É importante que você tenha as informações necessárias a respeito dos pacientes com os quais vai interagir. A propósito, vou pedir que deem autorização de acesso aos prontuários para que o seu trabalho possa ganhar maior qualidade. Quando estamos inteirados dos assuntos relativos aos nossos pacientes, somos mais objetivos em nossa assistência, concorda?

— Sem dúvida! Não se trata de curiosidade irresponsável de minha parte.

— Não precisa se justificar, meu caro, porque sei muito bem das suas intenções. Roberval já havia me dito maravilhas a seu respeito.

— Doutor, Roberval é suspeito, porque é meu Mentor e me trata como se eu fosse seu filho — respondi.

— Como se fosse? — rebateu Roberval.

— Está certo, amigos! A enfermidade de nosso irmão Genivaldo, infelizmente, é o alcoolismo. Aos poucos, um câncer se instalou em seu estômago e o vitimou. Quando a Equipe Socorrista o encontrou estava desencarnado há mais de um ano, rastejando pelas imediações onde viveu seus últimos dias. Não tendo consciência sobre o que se passava, vivia vampirizando outros dependentes químicos no "boteco" que costumava frequentar. Sua debilidade era tamanha que lambia a bebida derramada no balcão por pessoas desavisadas. Apesar do gesto humilhante, o que ocorria, de fato, era que o infeliz sugava os fluidos do líquido que se encontravam à disposição. A conhecida e velha mania que alguns bebedores contumazes mantêm de jogar um pouco de cachaça "para o santo", na realidade, elas são procuradas, sim, mas não pelos "santos". A grande maioria dos alcoólatras não sabe o que está promovendo, principalmente para si mesma. Por vezes, a pobre criatura desencarnada fica literalmente presa a um, mas, em outras oportunidades, acompanha aquele que faz a oferta no sentido de obter mais do produto de que necessita. Evidentemente, irá estimular o dependente a utilizar-se de maior quantidade para com isso poder vampirizá-lo.

— Doutor, não fazia a mínima ideia disso.

— Geralmente, acreditamos que as brincadeiras de mau gosto nada produzem senão o momento da chacota que fazemos de situações e pessoas, não é? Mas esta maneira de pensar é enganosa, porque nunca sabemos com quem estamos lidando, quais são as companhias que o encarnado possa ter e que podem se sentir ofendidas.

— Posso entender, doutor, que se trata de verdadeira falta de caridade, não?

— Não só falta de caridade para com aqueles que vivem o drama da dependência e que se encontram em profunda ignorância sobre seu estado, como era o caso de Genivaldo, mas também o profundo desconhecimento acerca dos danos causados pelo álcool em nosso organismo.

— Ele ficará muito tempo conosco?

— Para a necessária desintoxicação e para o tratamento de seu corpo perispiritual, entre outros aspectos de sua síndrome, creio que uns dois anos serão suficientes.

— Depois desse tempo...

— Prepararemos o seu processo de reencarne, respeitando, é claro, o prazo adequado para que isso ocorra.

— Muitos anos, doutor?

— João, nossa medida de tempo difere muito daquilo que estamos acostumados quando encarnados no planeta. Por termos uma existência reduzida, apesar de estarmos aumentando cada vez mais nossa permanência no corpo físico, temos a impressão de que dez ou vinte anos sejam um tempo muito extensivo, porém, para o Espírito Imortal, o que será esse período senão algumas frações de segundo?

— Ele poderá ter recobrado sua consciência?

— Muito provavelmente, não. Nosso iluminado

Emmanuel, pela psicografia de Francisco Cândido Xavier, nos esclareceu que, infelizmente, é grande o número de pessoas que sai do berço e vai para o túmulo e vice-versa, sem ter qualquer noção daquilo que ocorre com elas mesmas, não é isso?

— Sim, doutor. O aproveitamento da reencarnação será sempre reduzido em casos similares, não?

— O que é lamentável... A propósito, João, já que tocamos no assunto de como aproveitar a reencarnação, como foi a sua última?

— Veja, Roberval, que sobrou até para mim...

Todos nós rimos a valer...

CAPÍTULO 9

MOMENTOS FELIZES

— Doutor, o senhor deve ter recebido um relatório de meu caso, estou certo?

— Sim, certíssimo. No entanto, gostaria que você me falasse sobre suas impressões gerais, incluindo particularmente esposa e filhos.

— Bem... tive uma reencarnação que, respeitando meu estreito ponto de vista, considerei ter sido de grande proveito para a minha evolução. Neste ponto, Roberval poderá endossar ou não. Procurei aprender o quanto pude durante meus 85 anos de idade. Tendo vivido no corpo material um tempo mais largo que o comum de minha geração, pude desfrutar de vários momentos simples, porém, de intensa felicidade ao lado de minha família, esposa, filhos, noras e netos.

— Naturalmente, você sente muitas saudades deles, não? — perguntou o facultativo.

— Como sinto! Deles e de nossos amigos, com quem pude partilhar grande parte de minhas conquistas, principalmente quanto aos aspectos morais contidos no Evangelho de Jesus. A propósito, doutor, falando em amigo, não tenho visto o Rogério, o companheiro que me precedeu no retorno a Pátria Espiritual e que me deu as boas-vindas quando aqui aportei.

— Rogério tem estado muito ocupado em seus afazeres, João. Está liderando uma Equipe de resgates de nossos irmãos suicidas na crosta do planeta — informou Roberval.

— Não diga? Que notícia interessante! Realmente, Rogério sempre foi muito competente no que fazia. Deve ser um trabalho especial.

— Você poderá conhecer e mesmo participar desse tipo de atividade quando estiver mais entrosado nos atendimentos de nossos pacientes. Por enquanto, a melhor medida para a sua adaptação ao serviço será servir aqui no Hospital — concluiu meu Mentor.

— Aliás, o Dr. Diogo perguntou a respeito de sua família, porque temos uma notícia para lhe dar e esperamos que seja de seu agrado.

— Deixe-me adivinhar. Poderei visitá-los?

— Sim, é isso!

Emocionei-me de imediato com o presente que acabara de ganhar.

— Meus prezados, não tenho palavras para lhes agradecer. Estou aqui há tão pouco tempo e já sou premiado com esta oportunidade! Eu, que nada construí neste Plano de existência, mereço tanto?

— João, a construção no bem não possui limitações

em relação às dimensões onde estagiamos. Você diz que acaba de chegar e não construiu nada ainda. Esquece-se do que fez em favor de tantos irmãos que se encontravam totalmente perdidos e inconscientes? Isso tudo é levado em conta, meu amigo. A postura do trabalhador do Cristo, quando adota o ensinamento Dele referente à caridade, é essencial para as nossas conquistas individuais. Foi Ele quem nos ensinou: *"O que faz a mão direita, a esquerda não precisa ficar sabendo"*[3]. Dentro desta lógica, tudo o que fazemos de bom — seja o serviço mais simples, em nossa maneira de ver evidentemente, porque não existem serviços mais ou menos importantes — age em nosso favor. Todo trabalho no bem, quando nos dispomos a fazê-lo com amor, tem o grau de importância medido de acordo com o sentimento que nos move. Portanto, você tem os seus direitos reservados aqui ou em qualquer Plano de existência. Claro que para conquistar uma casa, por exemplo, terá que cumprir certas horas de trabalho. No entanto, poderá desfrutar de uma suíte aqui mesmo, neste edifício, que possui espaços para todos os que trabalham nesta unidade.

— Roberval, é uma notícia boa atrás da outra. Meu

3 *Bíblia Sagrada* - Mateus 6:3.

coração perispiritual poderá ter um enfarto com tantas emoções — disse, procurando conter as lágrimas que escorriam pelo meu rosto. — Perdoe a ansiedade, mas posso saber quando irei visitá-los?

— No próximo fim de semana, quando você estaria completando 86 anos de idade. Júlia, sua esposa, convidou seus filhos, noras e netos para fazerem uma reunião do Evangelho no Lar especial pela data de seu aniversário, independente da reunião semanal.

— Meu Deus, Roberval, não tenho tantos méritos assim...

— Se você não os houvesse conquistado, não receberia aquilo pelo qual não trabalhou. Semeadura livre em todos os sentidos e colheita obrigatória, conforme ensinou Jesus. Cada um planta o que quer e tem a colheita que merece. Justo, não?

— Sim, mas são tantas as alegrias e benefícios, que acredito não merecer.

— Todo trabalho tem a sua paga, João. Existem aqueles que trabalham para o bem e acumulam tesouros nos Céus, conforme ensinado pelo Nosso Divino Mestre e, como sabemos, o Céu sempre será o nosso interior, como o inferno também. É uma simples decisão sobre qual tipo de semente queremos utilizar.

— Como não concordar com o meu Mentor, digo, por solicitação dele mesmo, meu Amigo Espiritual? Doutor Diogo e Roberval, recebam o meu muito obrigado por tudo o que me fazem e perdoem pelo nada que tenho a oferecer.

— Modéstia sua, João. Você não sabe o que o espera — garantiu o médico.

CAPÍTULO 10

AUGUSTO

O Dr. Diogo prosseguiu:

— Muito bem! Agora que recebeu as boas notícias, preciso cumprir minha promessa de que você não perderia por esperar... Roberval e eu precisamos voltar para nossas responsabilidades e o seu trabalho poderá continuar. O que acha?

— Doutor, obrigado pela confiança. Será que estou preparado para assumir a tarefa tão rapidamente?

— Ora, João! Você teve a última existência toda se preparando e terá a eternidade pela frente. Vamos, mãos à obra! Com o tempo, suas percepções irão aumentar e as limitações que se apresentam hoje serão superadas gradativamente. Roberval já o inscreveu em um curso rápido de uma semana. Você poderá comparecer depois do expediente. Com as aulas será possível acrescer sua capacidade de auscultação mental. Com esse recurso desenvolvido, cada caso a ser assistido a partir de então contará com maior eficiência e objetividade.

— Quando começo a participar do curso, doutor?

— Dando garantias à minha promessa: hoje mesmo!

Todos nós rimos muito.

— João, para que você vá se habituando ao trabalho,

fique durante os próximos dias somente na enfermaria. Quando estiver mais afinado com o serviço, será transferido para atender os casos mais delicados, está bem? — instruiu-me Roberval.

— Sim, está tudo ótimo. Obrigado novamente!

Enquanto os amigos se retiravam, elevei-me em prece a Jesus, solicitando o amparo necessário para que pudesse ser o mais proveitoso possível, atendendo às necessidades de meus irmãos que aguardavam pelo lenitivo do passe e da prece.

Nunca poderia imaginar que entraria tão brevemente em ação e agradeci novamente ao Mestre e a Deus, pela oportunidade de servir. Percebia agora como tinha sido importante atuar em favor do semelhante, apesar de minhas atividades, sem falsa modéstia, serem muito simples. A verdade estampada à minha frente é que para aquele que se interessa no bem, não existe quebra de continuidade. O trabalhador terá serviço garantido em qualquer Plano existencial em que se encontre.

Procuramos receber as bênçãos do Senhor e, por vezes, não percebemos que elas sempre se materializam, mantendo nossas mãos ocupadas no serviço com Jesus.

Sentindo-me mais confiante, fui em direção ao primeiro leito.

O paciente, aparentando aproximadamente uns 40 anos, tinha o tórax todo enfaixado, com tubos finíssimos que saíam do mesmo local e se ligavam a um aparelho que enviava um líquido esbranquiçado, como se fora um tipo de soro.

Ele ressonava tranquilamente. Aproximei-me com bastante cuidado e apliquei um passe, iniciando pelo centro de força coronário e depois estimulando o cardíaco mais intensamente.

Ao término da operação, ele despertou. Olhou-me sereno e perguntou:

— Você é novo aqui? Digo, morto ou desencarnado, como Espíritas que trabalham nesta Hospital costumam se referir à morte?

— Bem, morto eu andei durante séculos até conhecer o Evangelho de Jesus. Desencarnado, há muito pouco tempo — respondi com um sorriso.

— Que bom que você já pode trabalhar, não é mesmo?

— Como estou iniciando, espero que possa fazer o melhor para continuar merecendo a chance que me foi dada, senhor?

— Augusto. Por favor, trate-me sem formalismos. E você, como se chama?

— João. Muito prazer em conhecê-lo!

— O prazer é todo meu.

— Vejo que você está muito bem, Augusto. Consciente de seu estado e mantendo um controle excelente. Faz tempo que está internado neste Hospital?

— Obrigado por suas palavras de estímulo. Faz três anos que me encontro internado. Em breve receberei alta desta unidade, segundo fui informado, para ingressar em nova fase de tratamento, aguardando os preparativos para uma futura reencarnação. Naturalmente, terei ainda muitos anos pela frente, quando poderei trabalhar em alguma área que eu possa exercitar a paciência e reduzir minha ansiedade.

— Noto que você vem fazendo conquistas importantes, pelo pouco ou — porque não dizer — "pelo nada" que conheço de seu caso, Augusto.

— Ele não é tão complicado assim e, se você tiver tempo, posso lhe contar. Aliás, seria bom poder conversar um pouco.

— Tenho todo o tempo do mundo, meu amigo.

— Fui um homem muito bem-sucedido, dentro dos

padrões convencionais do planeta. Nasci em berço de ouro, com educação refinada, pois papai sempre quis o melhor para os seus filhos. Como um grande empresário, preparou-me convenientemente para dar seguimento em seus negócios. Cursei excelente universidade no Brasil e fiz minha pós-graduação no exterior. Estudei e fiquei fluente em mais dois idiomas, além do português. Casei-me com uma moça também muito bem preparada, filha de um dos sócios de meu pai. Quando iniciei minhas atividades, ainda com meu pai no comando das operações, mantinha certo controle sobre a minha impaciência e ansiedade. Porém, tão logo as responsabilidades foram sendo transferidas para as minhas mãos, perdi a direção sobre mim mesmo, em várias ocasiões. Minha esposa, Espírita desde o berço, me estimulava à leitura das obras da Codificação e também de André Luiz e Emmanuel. Realmente os ensinamentos do Evangelho me encantavam, contudo, sua aplicação no dia a dia estava distante de meus planos. Fui algumas vezes assistir às palestras que eram ministradas por renomados oradores e um deles em particular, extremamente conhecido no Movimento Espírita no Brasil e no mundo, falava muito de perto ao meu coração. Mas as atividades do dia me envolviam de tal sorte — é claro que por minha decisão única de permitir que isso ocorresse — que tudo que ouvia ou lia ficava em segundo plano. É bem aquele caso de muita intelectualização e pouco ou mesmo, quase nada, de "coração". Nas campanhas de assistência, principalmente nos fins de ano, atendia minha esposa e ao Centro que ela frequentava de muito bom grado. Entretanto, minha participação limitava-se a assinar os cheques, nada mais. Estava tão envolvido em trabalho, que férias se tornaram artigo de luxo e, quando tirava alguns dias, passava em frente ao *notebook*, enviando ou recebendo *e-mails*, quando não participando de reuniões pelo celular. Aos olhos do mundo, era um empresário muito bem-sucedido. O herdeiro que dera certo, não esbanjando a fortuna construída pelo pai e seus sócios. A esposa, sempre muito atenta, solicitava com insistência para que eu prestasse atenção à minha saúde. O *stress* fazia parte dos meus dias e, como enfermidade silenciosa, agia sorrateira e destrutivamente em minha vida. No final, eu vivia para trabalhar e não mais trabalhava para viver. Não tivemos filhos, porque as minhas desculpas em relação à questão de tempo para dedicar-me impediam qualquer posicionamento da esposa em favor desta bênção para o nosso casamento.

E Augusto continuou sua narrativa:

— O final, você pode imaginar, não João? Enfartei e, por ser muito jovem, o choque coronariano foi tamanho que o músculo cardíaco, não suportando a carga, terminou com os meus dias no corpo físico. Fiquei sem entender o que se passava comigo durante meses, porque, ao retornar ao lar, notei que minha esposa não mais se importava com a minha saúde. Ia até o escritório e não conseguia entrar em minha sala. Fiquei restrito à área dos arquivos da empresa em total solidão e abandono. Não podendo perceber que me encontrava morto, digo, desencarnado, continuava insistindo em quebrar as barreiras de minha prisão mental. Certo dia, exausto desse ir e vir, orei com fervor pedindo auxílio a Deus e a Jesus para que eu acordasse do pesadelo em que vivia. Erroneamente, entendia que tudo não passava de um sonho desagradável e que, em determinado instante, eu despertaria e tudo voltaria ao normal. Foi quando uma Entidade se apresentou e disse-me que era antigo trabalhador do Centro Espírita onde eu estivera em algumas oportunidades e que viera em meu resgate. Seria retirado do local onde me encontrava e, com o passar do tempo, seria esclarecido. Pediu que as minhas perguntas e preocupações ficassem para um segundo momento e que muito do que eu fizera em favor dos mais necessitados fora levado em consideração, mesmo com uma participação a distância. O tempo empregado em meu isolamento fora benéfico e permitiu que eu saísse das teorias em relação ao Evangelho e fizesse com que os ensinamentos do Cristo se materializassem em meu íntimo por meio da prece e do pedido sincero do meu coração. Quanto me arrependo, João, por ter desperdiçado a vida! Tive tudo ao meu alcance, no entanto, não enxerguei que estava atirando pela janela a oportunidade sagrada da existência. Avisos não me faltaram para que não saísse da organização fisiológica como um suicida inconsciente. Atualmente, não posso usar de desculpas e me queixar: "Ah, se eu soubesse"! Porque, se já sabia em teoria, hoje sei na prática e posso lhe garantir que o despertamento para a realidade é muito difícil para aqueles que vivem na ilusão — finalizou.

O paciente estava extremamente emocionado e antes que entrasse em pranto convulsivo, solicitei que orássemos juntos pedindo forças a Jesus. Ele acompanhou-me na prece do Pai-Nosso e, aos poucos, se acalmou.

Um enfermeiro que se encontrava de plantão surgiu rapidamente e aumentou um pouco a dosagem dos fluidos do aparelho que atendia o nosso irmão Augusto. Assim, ele adormeceu suavemente.

Olhei para o colega de trabalho com certo ar de curiosidade. Logo ele me informou:

— João é o seu nome, não?

Estendendo-lhe a mão, respondi:

— Sim, ao seu dispor.

— Chamo-me Josias. Muito bom conhecê-lo. Não se espante com a agilidade do atendimento. Todos os nossos pacientes são monitorados em uma sala central. Quando notamos certa alteração nos quadros registrados pelos aparelhos monitores, fazemos uma checagem rápida da medicação ministrada. Fomos informados de que você fará parte das Equipes de trabalho responsáveis pela fluidoterapia. Contudo, você não calcula o bem que faz para os nossos pacientes, o fato de ouvir seus desabafos e aflições. É medicação pura a caridade do ouvir, não é mesmo?

— Veja, Josias. Eu honestamente não sei se é Medicina para o paciente ou se é para mim mesmo. Creio que, às vezes, sou o mais enfermo de todos e que eles ministram o remédio do "como" se direcionar na vida.

— Isso é verdade. Geralmente os enfermeiros são eles, João. Bom, a conversa está boa, mas vamos voltar ao batente?

— Com certeza! — afirmei.

CAPÍTULO 11

SÉRGIO

Literalmente, estava presenciando relatos que tomara conhecimento por meio da leitura de várias obras de Autores Espirituais, quando estes narravam suas experiências graças à psicografia de nosso estimado Chico Xavier.

Alguns fatos, não muitos, se apresentavam quando de meu trabalho no Centro Espírita que frequentara, mas agora eu tinha a possibilidade de vivenciá-los na íntegra.

Pensava a respeito, quando um paciente me chamou:

— Não fique aí parado, me olhando... Faça alguma coisa por misericórdia, pelo amor de Deus, me ajude! Tire de mim esse peso que me sufoca. Estou morrendo, morrendo...

Aproximei-me rapidamente e vendo os olhos esbugalhados do senhor à minha frente, entrei imediatamente em prece e por inspiração coloquei uma das mãos na direção de seu centro de força coronário e a outra, no seu centro de força frontal.

Durante algum tempo, o paciente se debateu, até a chegada de Josias, que mal acabara de deixar a enfermaria.

O experiente enfermeiro velozmente moveu alguns

botões do aparelho ligado ao braço direito do paciente que se encontrava imobilizado. Gradativamente, percebi que a medicação intravenosa fazia seu efeito, auxiliando o trabalho da fluidoterapia.

Encerrando o passe, olhei para o *display* localizado nos pés da cama do paciente, buscando alguns dados ali disponíveis.

Seu nome era Sérgio V. idade: 53 anos. Tempo de internação: quatro meses.

Quando Josias terminou o atendimento, aproximei-me com o intuito de obter informações para o meu aprendizado.

— Perdoe-me se tomo um pouco do seu tempo, mas eu poderia receber mais alguns informes sobre o nosso irmão Sérgio?

— Sim, como não? Enquanto você precisar, estarei à disposição. Porém, tão logo você conclua o seu curso, não necessitará mais desse expediente, porque estará dominando a auscultação da tela mental de nossos internos, tendo a condição de ver-lhes os dramas e agir de maneira mais adequada em suas necessidades.

— Agradeço a sua disponibilidade. O que se passou com ele?

— Sérgio foi funcionário de uma construtora e, após algumas semanas de seu desencarne, foi resgatado no edifício em construção onde estava trabalhando. Trata-se de um dos mais novos pacientes que temos em nossa enfermaria. Sua situação perante muitos dos internos é considerada razoável. Não possui a mínima consciência de seu estado atual, vivendo em um monoideísmo atroz sobre a última atitude que acabou levando-o ao desencarne. Ele trabalhava desde muito jovem como mestre de obras em uma construtora. No entanto, apesar de contar com o reconhecimento de seu chefe direto e ser estimado pelos colegas que o respeitavam muito, acabou sendo demitido por conta da situação financeira delicada que a empresa atravessava. Como seu salário era mais alto do que a média do mercado, julgou ser muito difícil arrumar outro emprego. Endividado pelo financiamento da casa própria, carro e demais despesas que havia contraído há certo tempo, entrou em desespero por causa da demissão e, crendo falsamente que a sua morte poderia resolver o problema das dívidas, suicidou-se, fazendo parecer que fora um acidente. Em sua última semana no trabalho, quando findava o período de aviso prévio, foi até o andar mais alto do edifício que estava em fase final de construção e, dando a entender que faria uma inspeção de rotina, simulou uma espécie de escorregão próximo ao vão das escadas, lançando-se para a morte. Ao cair, esbarrou em materiais que estavam próximos do vão em um dos andares mais abaixo, que caíram sobre seu corpo, soterrando-o completamente. Seu desencarne deu-se muito mais pelo sufocamento do que pela queda em si que, apesar de violenta, teria quebrado vários ossos e promovido vários ferimentos. No entanto, não teria sido a causa da morte. Foi o peso do material que finalizou a tragédia. Esta é a razão pela qual ele pede por socorro, pois sente-se sufocado e ainda preso aos escombros.

— Que situação, meu Deus! Josias, como nós nos endividamos perante as Leis de Deus, por quase nada, não?

— Isso ainda é parte da situação, João.

— Parte?

— Sim, porque existem as responsabilidades dos desdobramentos, não somente familiares, porque, ao sairmos da existência física pelo suicídio, estamos tomando uma atitude egoísta, acreditando que resolvemos nosso problema, mas não pensamos naquilo que promovemos para os outros. Quanta infelicidade, desgostos e dores a nossa atitude pode trazer, não é?

— Sim, tem razão.

— Mas, no caso do Sérgio, ainda temos mais um agravante.

— Mais um, Josias?

— Sim. Os peritos da seguradora contratada para garantir o seguro de vida, não encontrando evidências de suicídio, providenciaram as indenizações como "morte acidental", dobrando o capital, como mandavam as cláusulas da apólice. O mesmo ocorreu com as responsabilidades da empresa e dos institutos governamentais. Veja que, além da gravidade da atitude contra o maior patrimônio que temos, que é a vida, Sérgio se comprometeu com os aspectos éticos no que diz respeito às questões de honestidade e clareza nas ações.

— Mas, Josias... Tratava-se de um homem desesperado...

— Sim, é verdade. As Leis de Deus são de amor e todos esses aspectos serão levados em consideração. O suicida não está em seu juízo perfeito quando da ação do ato absurdo. No entanto, se existem beneplácitos nas Leis Divinas, não significa que elas concordem com o erro. O amor não castiga, pelo contrário, corrige. Mas quem ama verdadeiramente, apesar de levar em consideração os atos impensados daquele por quem se responsabiliza e de minimizar seu comprometimento, nem por isso deixa de educá-lo.

— Sim, é verdade. O fato da criança não saber o que está fazendo não quer dizer que não precise ser educada. Faz todo sentido, Josias.

— Se é assim conosco, por sermos limitados em nossas análises em virtude da nossa própria evolução, o que dizer das Leis de Deus, que são perfeitas? Quando Jesus encontrava-se crucificado e disse a um dos ladrões que estaria com Ele no paraíso, não o isentava das responsabilidades de refazer seu caminho e corrigir o que havia praticado de inadequado. O paraíso a que Jesus se referia era o da consciência que, naquele pobre supliciado, estava começando a despertar.

Olhei para o nosso irmão que se mostrava profundamente adormecido, virei-me para Josias e agradeci:

— Meu amigo, obrigado pela preciosa lição!

— João, na verdade, nós precisamos ser gratos a Jesus, que nos proporciona o sagrado trabalho de servir ao nosso semelhante, não é certo?

— Se é, Josias, se é...

CAPÍTULO 12

RESPONSABILIDADE INDIVIDUAL E COLETIVA

Encerrado o expediente, me dirigi para o pavilhão onde os cursos eram ministrados. Os prédios eram interligados por passagens subterrâneas pelas quais a circulação de trabalhadores mostrava-se intensa.

Encontrava-me em um posto avançado, próximo à crosta planetária, com todo o espaço circundado por altos muros, com detectores de movimento e fortemente vigiado.

Em seu interior, desfrutávamos de uma atmosfera agradável, onde plantas e flores faziam parte não somente da decoração, mas encantavam os olhos e o olfato, nos jardins floridos e perfumados.

Entretanto, os arredores eram de uma aridez que me impressionava, com aparência de uma floresta devastada e recentemente destruída pelo fogo.

A movimentação externa era muito esporádica. Raramente eram vistos pássaros ou animais de pequeno porte. A paisagem era simplesmente desoladora.

Andando distraidamente por um dos corredores do complexo em direção ao salão onde seriam apresentados os nossos Instrutores e os objetivos do curso, encontrei-me com o meu Mentor.

— Como foi o dia, João?

— Excelente, Roberval. Aprendendo bastante. E o seu, como foi?

— Com as bênçãos de Jesus, poderia dizer que foi simplesmente edificante. Quando temos oportunidade de colocar o Evangelho em prática, todos os dias são felizes, por mais difíceis que possam parecer.

— Sim, concordo plenamente. A propósito, você tem uns minutos?

— Claro. De que se trata?

— Estou um pouco adiantado para a minha aula inaugural e gostaria de fazer uma pergunta sobre nossa localização. Em um dos momentos de descanso entre um atendimento e outro, fui até uma sala reservada onde pude analisar melhor o ambiente externo, com maior riqueza de detalhes. Gostaria de saber por que tamanha desolação?

— João, não é somente no planeta que nós manifestamos nossa aridez interior quando nos relacionamos com a natureza. Obviamente, não podemos generalizar, porque encontramos muitas almas abnegadas na defesa do meio ambiente e de sua preservação. Entretanto, a grande maioria ainda não despertou para as verdadeiras causas em favor da vida. Defende-se muito o conforto para o ser humano, o que é uma conquista natural e válida, recompensando os esforços individuais e coletivos, mas a pergunta é: que preço estamos dispostos a pagar? Quando o supérfluo é valorizado como necessário, o desrespeito à natureza torna-se patente. A mente que vive desvalorizando a vida em torno de si plasma os ambientes de acordo com os seus interesses, como você sabe. Se individualmente conseguimos destrambelhar nosso complexo celular com os pensamentos inadequados, coletivamente procedemos da mesma maneira com o planeta que nos acolhe, que é um organismo vivo e pulsante e do qual dependemos diretamente para viver quando reencarnados. A região na qual nos encontramos não foi plasmada somente com os pensamentos em desequilíbrio dos desencarnados, mas sofre o processo de associação. Aquilo que o ser vibra estando na indumentária física ou fora dela cria as situações de beleza ou de desequilíbrio. Infelizmente, próximo da crosta, encontramos ainda mais regiões como esta que estamos localizados do que jardins floridos.

— Como mudar, Roberval? Aqueles que verdadeiramente se interessam pelo planeta e seu futuro são tão poucos no mundo...

— Ainda, João, ainda... Porém, veja o quanto o Homem vem alterando seu proceder para consigo mesmo, respeitando-se mais, procurando ser mais ético, e assim por diante... Não parece, mas está acontecendo. Nós estamos cada vez mais conscientes nem que seja pelo menos na indignação. É claro que precisamos destas transformações interiores para plasmá-las no exterior. Em outras palavras, ninguém dá aquilo que não tem, certo?

— Sim, mas...

— Sim, mas? Está muito lento o processo. É isso, João?

— Exato!

— Meu amigo, você realmente crê que nós faremos uma mudança repentina? Veja o tempo que a nossa Doutrina demorou a chegar ao planeta. Dos momentos iniciais do trabalho de implantação do Evangelho por Nosso Senhor Jesus Cristo até o advento do Espiritismo, temos mais de mil e oitocentos anos. É lição do nobre Codificador que o Espiritismo surgiu no momento adequado, caso contrário seria abortado. Precisamos, sem dúvida, fazer a nossa parte por meio do trabalho incessante do bom exemplo. Pensarmos bem, termos confiança em nós e em Deus. Não nos esqueçamos: Jesus segue no leme.

— Indo de um polo a outro, Roberval, temos alguma cidade próxima de onde nos encontramos?

— Várias e extremamente bem estruturadas. Você aportou por aqui depois do desencarne, porque foi o melhor local para o seu momento de adequação ao nosso Plano e oportunidade de trabalho. Entidades mais elevadas acompanham-nos e sabem melhor do que nós aquilo que é conveniente para o nosso instante evolutivo.

Enquanto somos Crianças Espirituais, ou mesmo entrando na adolescência, precisamos de acompanhamento, como os pais fazem com os filhos, não é?

— Sim, sim...

— Poderei, um dia, visitar algumas dessas cidades, Roberval?

— Naturalmente que sim, João. Não somos prisioneiros do local em que nos encontramos, mas precisamos dos recursos de horas trabalhadas para custear os nossos desejos, tal qual no planeta. Não viajamos ou adquirimos algo se não temos com o que pagar. Agora, meu amigo, sua aula está para começar. Infelizmente ou felizmente, depende do ponto de vista, aqui ainda somos escravizados pelo relógio, o que, no final das contas, é também o nosso disciplinador.

— Uau, nem vi o tempo passar! Obrigado Roberval.

Nós nos falamos em outra hora, porque a minha metralhadora de perguntas continua carregada.

Despedimo-nos, rindo muito...

CAPÍTULO 13

AUSCULTAÇÃO MENTAL

Entrei no amplo salão onde se reuniam cerca de sessenta pessoas, todas sendo recepcionadas por uma jovem muito atenciosa.

— Boa noite, o senhor pode me dizer seu nome, por favor?

— Sim, João Alberto S.

— Seja bem-vindo, Sr. João. Chamo-me Cibele. Ficaremos neste auditório central para receber algumas informações iniciais. Após, os grupos serão divididos em salas menores, para que o aproveitamento do curso seja mais efetivo.

— Obrigado, Cibele. Posso me sentar em qualquer lugar?

— Sim, fique à vontade.

Às 7h em ponto, um dos componentes da mesa que estava instalada em um palco discreto, levantou-se e, após breve saudação aos presentes, convidou-nos à prece.

Proferiu sentida oração, agradecendo a Deus, a Jesus e solicitou a assistência das Entidades Superiores. Ao encerrar, apresentou-se:

— Amigos, trabalhadores de Jesus, permitam-me que eu me apresente. Meu nome é Wladimir e serei responsável por uma das salas de aula. Declinou o nome de cada um dos professores e professoras presentes e, em seguida, exibiu a lista dos alunos e as salas para onde deveríamos nos dirigir.

Acabei sendo direcionado para a sala do professor Wladimir, que foi à nossa frente guiando-nos e, ao entrarmos, fez questão de cumprimentar com um abraço fraterno cada um dos participantes.

Nossa turma era composta de 15 alunos, pois, segundo nosso professor, o número reduzido tinha como objetivo melhor acompanhar cada um dos presentes.

Quando nos encontrávamos acomodados, Wladimir iniciou sua primeira aula:

— Muitos devem estar curiosos em relação às técnicas que analisaremos durante a semana. No entanto, devo salientar que não temos nenhum processo mágico, tampouco especial para desenvolver a auscultação da tela mental dos pacientes com os quais trabalhamos. Trata-se de exercícios simples que deverão ser continuados, principalmente durante o expediente normal. Iniciaremos com a ampliação de nossa sensibilidade, buscando explorá-la ao máximo, para depois, com certa atuação no centro de força frontal, por técnicos que estarão conosco a partir de amanhã, capacitarmos nosso poder de observação. Vamos abrir para as perguntas neste instante, a fim de não só interagir como também nos descontrair.

Não resistindo à curiosidade, fui o primeiro a levantar a mão.

— Professor, por gentileza.

— Wladimir, por favor, João!

Fiquei impressionado, porque, apesar de não estar usando qualquer crachá de identificação, tive a impressão de que meu nome estava escrito em minha testa.

— Perfeito, obrigado. Quando você fala em ampliar a sensibilidade, no meu caso, sempre senti profunda dificuldade neste particular. Por quê?

— Porque não assimilamos de fato o ensinamento do Cristo quando nos ensinou que deveríamos buscar viver como uma criança, não evidentemente em relação à inocência, mas, sim, quanto à pureza de sentimento, quando a confiança é plena e o preconceito não existe. Os grandes bloqueadores de nossas capacidades espirituais não são outra coisa senão a falta de confiança em nós mesmos, por acreditarmos, logo a princípio, que não somos capazes ou então, a questão do preconceito, pela qual muitos creem que as coisas do Espírito estão reservadas para gente ignorante. Claro que não podemos generalizar estas observações que fazemos, mas é grande o número de pessoas incluídas neste tipo de viciação mental. Infelizmente, esta é a dura realidade.

— Mas, professor, o corpo físico, por exemplo, não pode constituir um entrave à sensibilidade?

— João, a roupa que você usa altera a sua personalidade, modifica seus sentimentos e assim por diante?

— Não!

— É evidente que levamos em consideração a Dimensão em que nos encontramos, cuja sutileza do corpo é muito maior. Entretanto, o perispírito não é para nós um corpo muito semelhante ao que envergávamos no planeta? Não é ele o modelo do corpo de carne? Logo, a dificuldade manteria em nosso plano situação semelhante. Aqueles que são preconceituosos ou não creem em si mesmos continuam exercitando estes aspectos sem que haja uma mudança brusca, não?

— Sim, Wladimir, você tem razão. Quer dizer que, dependendo do trabalho que possa ser feito, é possível termos a capacidade de auscultarmos a tela mental do companheiro necessitado que estamos atendendo, mesmo encarnado?

— Como não? Ainda assim, para que o recurso que se encontra em nós seja utilizado corretamente, precisamos de um desbloqueador importante.

— Desbloqueador?

— Sim, João. Ele se chama Evangelho de Jesus na prática. Quando nos evangelizarmos, utilizaremos não somente do recurso que estaremos especificamente trabalhando em nosso curso, mas de outras ferramentas que a grande maioria nem sequer suspeita que possua em si mesmo.

Lembrei-me imediatamente de Chico Xavier, pois muitos dos seus biógrafos relataram que o iluminado missionário tinha a possibilidade de ler pensamentos, como se estivesse ouvindo a pessoa utilizar-se da palavra articulada.

Wladimir imediatamente completou:

— Para você ver como nós precisamos primeiro amar, não é João? Imagine você o que seria se todos indistintamente pudessem ler os pensamentos uns dos outros. Certamente, a convivência seria a imagem verdadeira do inferno.

— Obrigado, Wladimir, pelas respostas. Já percebi pelo que acaba de acontecer. Tenho que prestar muita atenção naquilo que estou pensando em sua presença.

Todos os alunos, incluindo o nosso professor, riram muito.

— Não é bem assim, João. Foi só uma coincidência...

— Coincidência, professor? Como se elas fossem possíveis de existir...— disse sorrindo.

— Muito bem, pessoal, vamos para as próximas perguntas... —continuou o animado e jovem professor.

CAPÍTULO 14

PREPARATIVOS PARA A VIAGEM

Durante a semana e até o término do curso, percebi que minha sensibilidade aumentara sensivelmente. Todavia, as questões relativas às possibilidades de auscultação mental estavam ainda distantes daquilo que imaginava.

Eram rudimentares os aspectos que se apresentavam, pelo menos no meu caso. Divisava somente algumas poucas imagens dos pacientes que eu atendera durante toda a semana.

Conversando com Wladimir, depois de uma das nossas aulas, ele me explicou que a capacidade de auscultação, apesar de todo o treinamento e trabalho técnico no centro de força frontal levado a efeito pelos especialistas que nos auxiliaram durante as aulas, levaria certo tempo para dar os resultados esperados.

Como qualquer faculdade, esta também exigiria de mim um exercício constante e paciente para o seu desenvolvimento e experiência em sua aplicação.

Eu, que esperava resultados imediatos pelo fato de estar desprovido de um corpo tão denso como se mostra a vestimenta carnal, pude constatar que a natureza seguia seus moldes também no perispírito. Os saltos não ocorreriam e toda mudança precisaria do esforço em qualquer plano dimensional.

Às vezes, mesmo sendo Espírita, aguardava uma espécie de "Céu" em relação a certas facilidades, acreditando falsamente que no Plano Espiritual, as coisas se tornariam muito mais simples, dada a sutileza da vida como um todo. Pura ilusão, porque em raríssimas situações pude constatar certa alteração, pelo menos no estágio em que me encontro como Espírito comum que sou.

Podia certificar-me, ao vivo e em cores, graças às luminosas lições das Entidades Venerandas na Codificação, de André Luiz e Emmanuel, sempre por intermédio de Chico Xavier, que as mudanças não poderiam ser tão substanciais assim, sendo repetitivo, pelo menos para mim.

Encontrava-me em meus aposentos revendo algumas anotações relativas ao curso que havia concluído, quando alguém bateu à porta.

Verifiquei o relógio e notei que não percebera a hora passar. O ponteiro apontava para as 22h. Levantei-me e fui atender o visitante. Ao abrir a porta, me deparei com o amigo Rogério.

O velho companheiro das lides Espíritas cumprimentou-me com um largo sorriso:

— Como vai o nosso mais recente colaborador?

— Rogério, que surpresa agradável! Andei perguntando a seu respeito. Achei que você já estivesse cansado desta vida aqui em nosso Plano e tivesse reencarnado — brinquei.

— João, praticamente acabei de chegar e você já está querendo que eu volte? Preciso me preparar um pouco mais. Também sou filho de Deus, não se esqueça — respondeu o velho amigo bem-humorado. — Já que se trata de trabalho e lazer, vim para informá-lo de que partiremos por volta das 4h da manhã para a visita aos seus familiares.

— Fantástico! Acreditei que a visita tivesse sido adiada, porque ninguém mais tocou no assunto. Achei prudente me manter discreto em relação ao fato — disse, quase explodindo de alegria.

— Recebi a incumbência de acompanhá-lo, o que para mim é uma satisfação enorme, você sabe.

— Rogério, a viagem será tão longa assim? Porque, se conheço Júlia, provavelmente, ela fará a reunião especial do Evangelho no Lar mais próximo do fim do dia, para comemorar o meu aniversário.

— Sim, pode ser. O Dr. Diogo me passou as informações. Temos, contudo, que resgatar um irmão nosso recentemente desencarnado, que se encontra próximo de seu antigo lar, sendo essa a razão de irmos mais cedo. Atenderemos o caso e, enquanto parte da caravana estiver retornando ao nosso Hospital com o assistido, eu e mais alguns membros do grupo o acompanharemos. Desta forma, você poderá observar o nosso trabalho e, se puder, colaborar conosco. Estamos unindo o útil ao agradável. Trabalho e lazer. Está bem para você?

— Perfeito, Rogério. Não poderia ser melhor. Só lazer amolece as fibras do trabalhador, não é assim?

— Com certeza. O lazer é necessário, mas, como tudo que é demais, costuma causar danos irreparáveis. "Enxada parada acumula ferrugem", conforme o ditado popular.

— Agora procure descansar, João, porque nos reuniremos às 3h no refeitório, para um rápido desjejum e orientações de serviço, está bem?

— Melhor impossível, meu amigo — respondi, satisfeito.

Depois de despedirmo-nos, assim que Rogério se retirou, resolvi preparar-me para umas boas horas de sono. Adormeci rápida e tão profundamente que, ao acordar com o som do despertador, tive a impressão de ter repousado por pouco tempo. Tivera um sonho real, no qual atendia os pacientes do andar onde eu trabalhara toda a semana.

Preparei-me em prece e, após, levantei-me ligeiro para vestir-me convenientemente e ir até o nosso ponto de encontro. Quando cheguei, boa parte dos trabalhadores já se encontrava reunida. Rogério me apresentou para o grupo, composto de vinte e cinco pessoas: quinze homens e dez mulheres. Na grande maioria, todos muito jovens.

Tomamos uma espécie de suco de frutas extremamente energético e Rogério nos solicitou que nos colocássemos a caminho. Informou-nos que todo o trecho seria coberto a pé, sendo a região extremamente árida e pouco povoada. A chance de encontrarmos algum grupo de andarilhos seria remota. Todavia, deveríamos nos manter em prece constante, procurando evitar qualquer tipo de pensamento desequilibrado.

Levaríamos seis cães da raça fila brasileiro que, pelo seu grande porte, imporia respeito a qualquer um que pudesse ter intenções equivocadas para com os voluntários. Teríamos também em nossa companhia três lanceiros munidos de bastões especiais, semelhantes a lanças, com capacidade de aplicação de grande voltagem, em caso de extrema necessidade ou perigo iminente.

Depois das resumidas informações, fomos convidados à prece pelo nosso líder. Unimo-nos em pensamento acompanhando o belíssimo agradecimento a Deus e a Jesus pela possibilidade de trabalharmos na seara do bem.

Quase na saída, próximo a um dos portões fortemente guardado, o responsável pelo canil nos entregou os cães.

Os lindos animais reconheceram Rogério e os demais membros de nosso grupo e vieram contentes em nossa direção. Foram acarinhados por todos, inclusive por mim que, meio sem jeito e com certo grau de receio, fiz lá os meus carinhos com cuidado.

Rogério tranquilizou-me:

— Não tenha medo, João. Eles só ficam bravos ao perceberem vibrações desequilibradas...

— Então, Rogério, é melhor eu me cuidar bastante — respondi tirando sorrisos de todos.

CAPÍTULO 15

TRABALHO E LAZER

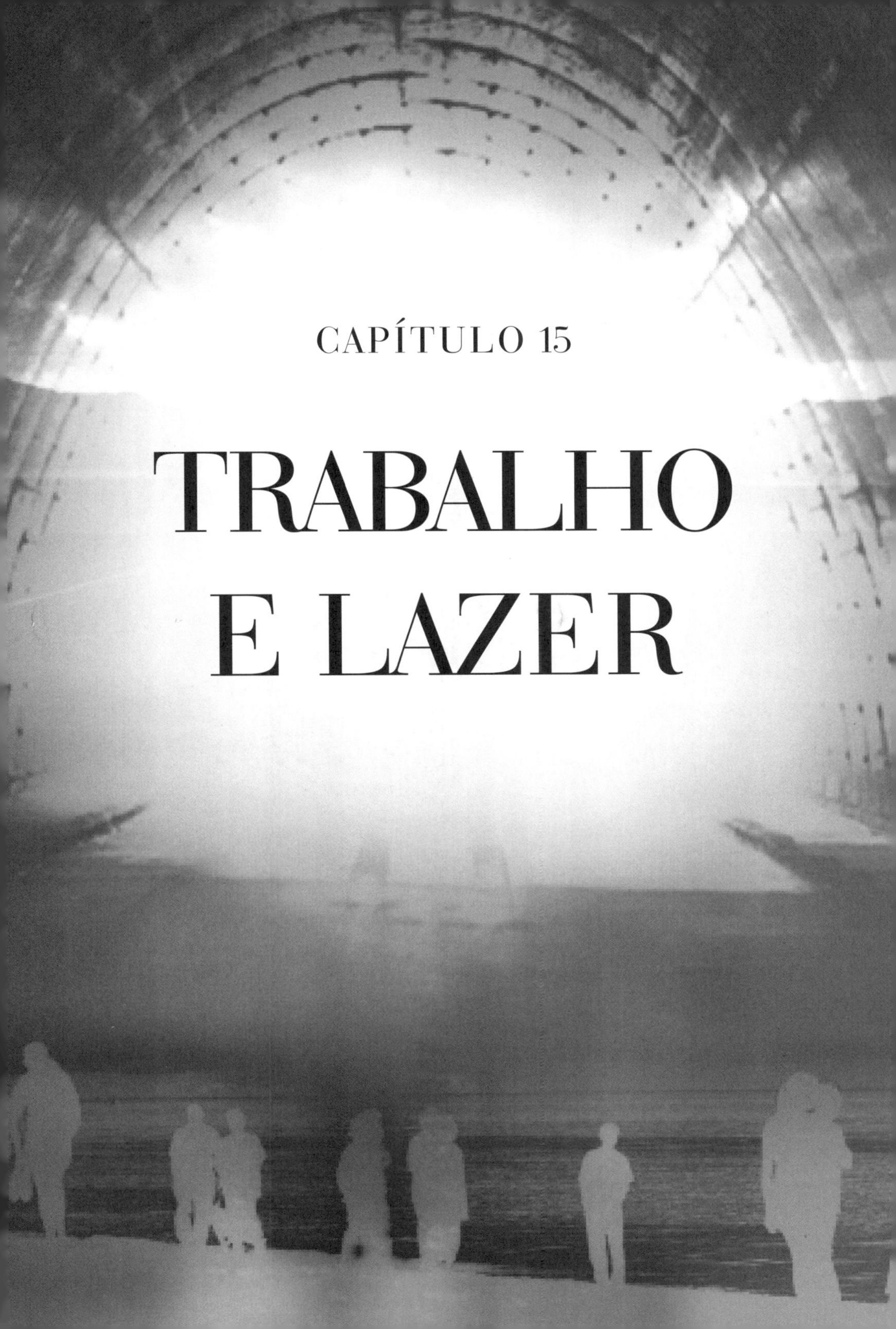

Iniciamos nosso trajeto com a escuridão ainda nos cercando. Rogério pediu que vários colegas do grupo acendessem algumas lanternas com razoável poder de iluminação, visando à nossa segurança.

O caminho era pedregoso, exigindo cuidado para não tropeçarmos em algo. O silêncio, sepulcral. O pouco que os faroletes iluminavam dava para ver a aridez, a inexistência de vegetação e alguns galhos ressequidos. A temperatura mostrava-se estranhamente fria.

Cobrimos um trecho difícil em declive com grande dispêndio de energia e tempo. Rogério sugeriu que parássemos por alguns minutos, para nos recompormos, pois ainda teríamos algumas horas de caminhada.

Aos poucos, a silhueta do sol foi surgindo. Porém, sua luminosidade era extremamente opaca em virtude de um espesso nevoeiro de cor cinza escuro que pairava mais acima, formando uma espécie de cobertura em toda a região, deixando-a ainda mais triste.

Um pouco mais recuperados, seguimos viagem. Ouvia ao longe, em determinados instantes, gritos de dor ou afrontas direcionadas a Deus, Jesus e nomes que foram canonizados ao longo da História.

Nós nos mantínhamos em prece constante, evitando dar vazão a qualquer pensamento impróprio que pudesse criar uma vibração negativa e atrair alguma situação indesejada.

Sabemos que o poder magnético de atração é poderoso. Quando desejamos, criamos um campo emissor que entra em sintonia com pessoas, estejam elas encarnadas ou desencarnadas, que se consorciarão mentalmente conosco naquilo que lhes é mais interessante. Magneticamente, o semelhante sempre atrairá o semelhante, fazendo uma verdadeira troca de energias e, dependendo do teor das vibrações, os benefícios ou prejuízos serão notórios.

Chegamos próximos ao nosso destino, cerca de 9h da manhã e, antes de qualquer providência em relação ao resgate, Rogério recomendou novo descanso e preparo com meditação e oração.

Passados cerca de vinte minutos, apontou-nos o local onde iniciaríamos o trabalho de retirada de um irmão suicida.

Tratava-se de uma bela e imponente casa, localizada em uma esquina, com jardins muito bem cuidados.

Rogério chamou-me para perto dele e informou:

— João, todos já receberam o reporte do caso que

vamos atender. Como você desconhece os fatos, gostaria de colocá-lo a par da situação. Aníbal é o nome do paciente que viemos resgatar. Trata-se de um irmão extremamente desequilibrado em sua sexualidade. Envolveu-se com sua sobrinha menor de idade e ao ser descoberto pelos familiares recorreu ao suicídio, enforcando-se na garagem de sua residência. A esposa mudou-se para a casa de um familiar, dias após o funeral. O infeliz mantém sua posição há mais ou menos duas semanas. Sua mãezinha, Espírito Nobre, muito religiosa, solicita em prece o auxílio dos Anjos do Senhor, de acordo com a sua crença. Conforme sabemos, nenhum pedido justo deixa de ser atendido. Assim, entramos nós, que não somos Anjos, mas, sim, necessitados da chance de trabalho com Jesus.

— Sem dúvida, Rogério.

— Bom, vou entrar para ver como está a situação.

Depois de uma primeira análise, parte do grupo iniciará a remoção, enquanto os outros ficarão de guarda ao redor da casa. Fique à vontade para escolher onde você quer se posicionar, está bem?

— Sim, Rogério. Agradeço.

Nosso líder concentrou-se e pude notar que, passados uns dez minutos, seu corpo tornou-se mais sutil aos meus olhos. Poderia fazer uma analogia de um vidro opaco que passasse por um polimento e se tornasse translúcido. Não fazia a menor ideia que o meu amigo possuísse tamanha elevação para alterar o perispírito daquela maneira em minutos. Tal procedimento permitiria que ele não fosse identificado por quem estivesse no local.

Não demorou e Rogério retornou. O seu adensamento perispirítico foi gradativamente realizado. Iniciou, dizendo:

— Amigos, a situação é delicada. Aníbal está cercado por várias Entidades desequilibradas, chefiadas por um indivíduo altamente violento. Precisaremos de muita cautela. Iniciaremos, como de costume, o diálogo, evitando o confronto. Retornarei ao ambiente com um lanceiro e outros dois trabalhadores.

Adiantaram-se, sem que Rogério nomeasse os especialistas: dois lanceiros e quatro voluntários. O líder escalou apenas um de cada grupo e virando-se para mim, perguntou:

— João, você quer nos acompanhar ou prefere ficar no serviço de vigilância?

— Gostaria de entrar com vocês, se não for atrapalhar...

— Você ficará na posição de observador. Vamos!

Entramos rapidamente no local e, ao simples olhar, a cena apresentava-se dantesca.

Aníbal continuava pendurado na corda em que se enforcara, com a expressão de terror, olhos esbugalhados e os detalhes desagradáveis que este tipo de desencarne promove. O odor no ambiente era cadavérico.

Estava cercado de Entidades totalmente inconscientes que pareciam apreciar aquele episódio infernal e procuravam sugar os resquícios de fluido vital do irmão desafortunado. Como se não bastasse o sofrimento do suicídio, o padecimento era agravado sensivelmente pela vampirização.

No instante em que fomos vistos pela turba, instalou-se uma gritaria geral. O que me pareceu ser o chefe adiantou-se aos brados:

— Fora, fora! Saiam imediatamente antes que eu faça picadinho de vocês.

Rogério com tranquilidade respondeu:

— Tenha calma, viemos em paz. Nossa missão é a do médico que vem atender o paciente. Somente isso.

— Que paciente, seu imbecil? Aqui só tem este animal que se matou, mais ninguém. Caia fora!

Avançando em nossa direção, notei que a Entidade segurava em suas mãos algo que me parecia um antigo soco inglês.

Rogério não se intimidou e disse em tom mais enérgico:

— Não tente usar de violência conosco. Nós não desistiremos de nosso intento.

No mesmo instante, o lanceiro emitiu um feixe de luz na direção do agressor que o afastou cerca de dois metros da posição em que nos encontrávamos. Não lhe causou nenhuma espécie de ferimento. Todavia, foi o suficiente para que ele vacilasse a respeito de um novo ataque.

— Repito: não viemos para combater. Somente queremos atender Aníbal que necessita de cuidados imediatos, conforme você mesmo pode notar.

Os gritos e palavras indecorosas continuaram por parte daquele que era o chefe e, dirigindo uma ordem para as outras Entidades, Aníbal foi totalmente cercado, como se fosse um troféu para seus infelizes acompanhantes.

Rogério, virando-se para mim, solicitou:

— João, por favor, peça que tragam os cães até aqui.

Quando saí, os voluntários já estavam na porta com os filas e entraram apressadamente.

Os animais iniciaram seus rosnados e latidos, fazendo com que a turba se afastasse. O chefe, sentindo-se isolado, começou a esbofetear um e outro, tentando empurrar aquelas pobres criaturas em nossa direção.

— Vamos, covardes! Não se intimidem. Eles não farão nada. Não os soltarão. É só uma ameaça. Enfrentem os cães!

Naquele momento, a confusão se generalizou. Ninguém obedeceu. Pelo contrário, todos começaram a correr na tentativa de sair do local o mais rápido possível. Foram seguidos do chefe que também se retirou, fazendo ameaças e prometendo vingança.

Dois trabalhadores de nosso grupo agiram rapidamente e, aplicando um sedativo em Aníbal, retiraram-no do local, instalando-o em uma maca que foi desdobrada com facilidade.

Ao deixarmos a residência, todos de nosso grupo cercaram os dois voluntários que carregavam o paciente, com os cães e os lanceiros tomando a frente. Procuramos nos afastar o mais depressa possível. Rogério, por rádio, solicitou um transporte adequado e, em poucos minutos, um veículo similar a uma ambulância aérea retirou Aníbal, que foi acompanhado pela maioria dos trabalhadores.

Nosso líder, virando-se para mim, perguntou:

— O que você achou de sua primeira experiência, João?

— Amigo, não sei o que lhe dizer. Sempre achei que as coisas no Plano Espiritual funcionassem de maneira diferente. Mas vejo que pouca coisa muda se as criaturas não tiverem a vontade real de se transformar, não?

— Infelizmente, ainda é grande o número daqueles que preferem os caminhos mais tortuosos e usam as pessoas ou se deixam usar. Sabemos que o Evangelho de Jesus não se impõe, mas, um dia, por uma questão de lógica, será a única opção para esses nossos pobres irmãos transviados do bem. A necessidade falará mais alto, porque a Natureza Divina não poderá ser contrariada indefinidamente. Iremos agora desfrutar de um merecido lazer. Vamos visitar a sua família.

Fomos em direção ao meu antigo lar com o meu coração aos saltos de alegria.

CAPÍTULO 16

REENCONTRO

Antes mesmo de entrar em casa, a emoção já havia me invadido de tal sorte que estava difícil manter a serenidade.

Foi Rogério que, mais uma vez, veio em meu socorro.

— João, entendo bem as questões emocionais que o envolvem neste instante. Porém, o controle será necessário ao entrarmos no ambiente familiar. Você tem netos pequenos que muito provavelmente registrarão a sua presença e não entenderão o que está se passando. Eles podem entrar em vibrações tristes e pouco produtivas para o momento. Os familiares, por sua vez, sentirão as suas energias e poderão baixar o padrão vibratório, por associação. Infelizmente, ainda é muito grande o número de pessoas que não entendem que as lágrimas da emoção do reencontro não são de tristeza, mas, sim, de saudades. Chorar, durante algum tempo, terá como sinônimo muito mais a tristeza da criatura do que somente a emoção verdadeira. É natural que, neste ponto também, não procuremos generalizar e aplicar a todos indistintamente, porque para toda regra existe uma exceção, salvo nas Leis de Deus, que são amplas e perfeitas. Precisamos atentar que Júlia certamente irá assinalar sua presença, sendo muito conveniente que você apareça sorrindo para que ela constate, de fato, o quanto sua existência neste Plano que nos encontramos é feliz.

— Rogério, desculpe-me.

— João, o que é isso? Você não precisa se desculpar por ter sentimentos. Aliás, eles sempre estarão presentes em nós, não importando a evolução do Espírito, nem sempre equilibrados, mas eternos, sem sombra de dúvida. Se Deus é amor, meu amigo, como suprimir esse sentimento maior, não é mesmo?

Enxugando as lágrimas que ainda insistiam em cair, falei:

— Com você, Rogério, eu sempre aprendi muito. Agora então, deste outro lado da vida, fico cada vez mais impressionado com as lições que recebo pelo seu intermédio. Muito provavelmente vou requisitá-lo como meu Mentor para a minha próxima reencarnação — completei, sorrindo.

— Vai demorar muito para isso acontecer, meu caro. É melhor você bater em outra freguesia, porque, para eu ser Mentor de alguém, terei que aprender muito. E saiba que eu não quero ser seu Mentor, porque você vai me dar muito trabalho e eu não quero descascar esse abacaxi.

Nós e alguns companheiros que se encontravam

conosco nos divertimos com suas observações nada convencionais.

— Vamos deixar de conversa e aproveitar o momento. O pessoal deve estar terminando o almoço — acrescentou ele.

Ao entrarmos, fiz um esforço enorme em relação às minhas emoções, para que somente a saudade e a alegria do reencontro estivessem presentes no meu coração. Sentimentos não controlados podem descambar para o apego e enclausurar o Espírito no local ou com as pessoas com as quais ele conviveu.

Júlia sentiu minha presença imediatamente e lágrimas de alegria se fizeram presentes em seus olhos. Um dos netos, contando apenas 5 anos de idade, dado o processo reencarnatório ainda estar em andamento, não obliterando totalmente as manifestações da capacidade do Espírito, pode ver-me com clareza e exclamou:

— Vovô! Vovó, é o meu avô que está aí! — apontando com seu dedinho em minha direção.

— Sim, meu querido, ele veio nos visitar e está muito feliz. Conforme a vovó já explicou, ele agora mora com Jesus. Vamos mandar um beijo para o vovô João?

O pequerrucho colocou sua mãozinha na boca e,

depois de beijá-la, abriu-a em minha direção. Naquele mesmo instante, uma vibração superior de paz e luz envolveu o ambiente, tornando-o mais claro e brilhante. Senti-me elevado e sustentado por mãos amigas, ampliando minha felicidade.

Olhei para Rogério com meu tom de curiosidade, e o amigo me atendeu, explicando:

— João, nós não podemos calcular as bênçãos do sentimento puro e verdadeiro. Quando desejamos algo de bom para alguém por meio de nossos mais sinceros pensamentos e atitudes, transformamos o ambiente no qual nos encontramos, porque, de imediato, entramos em contato com a realidade universal, que é o amor. Se a pessoa está próxima ou distante, pouca diferença irá fazer, pois as energias geradas pelo emitente e associadas àquelas que estão presentes na Criação Divina irão promover um envolvimento semelhante para a criatura a qual estamos direcionando nossos bons pensamentos ou boas palavras. Por isso, um simples cumprimento dado com o coração pode promover alterações em nosso campo celular, tornando-nos mais saudáveis e também beneficiando aquele para o qual estejamos nos dirigindo. Quando nos conscientizamos disso, o nosso bom-dia se transformará em um verdadeiro desejo de felicidade e de luz para todos e para nós principalmente, porque somos os emissores. A caridade das grandes almas é exercitada a cada instante. Você pode imaginar o que deveria ser um simples cumprimento de Jesus? O nível de vibração superior que envolvia a criatura para a qual Ele dirigia Seus pensamentos e palavras?

— Nunca pensei nisso, Rogério, no que diz respeito a saudar uma pessoa, mas constato agora esta realidade em mim mesmo.

Controlei-me primeiro para, em seguida, abraçar e beijar o pequenino e todos os demais, envolvendo-os em energias de gratidão e paz, enquanto pensava: — Como a felicidade está presente em todos os instantes de nossa vida e, por vezes, não a percebemos. Um abraço, um beijo, uma palavra de carinho, quanta alegria pode trazer para nosso coração...

CAPÍTULO 17

O EVANGELHO NO LAR

Quando a alegria toma conta de nossos corações, simplesmente não vemos as horas passarem. Num átimo, nos encontrávamos reunidos em torno da mesa na qual seria feito o Evangelho no Lar em comemoração ao meu aniversário, caso estivesse encarnado.

Sempre respeitei estas datas, mesmo para aquelas pessoas que já haviam partido. Somos Espíritos ainda muito afeitos a determinados valores e estas questões positivas devem ser respeitadas, apesar de muitos ainda manterem certo apego.

Antes fôssemos apegados no bem completo, mas enquanto não o somos, vamos fazendo o nosso melhor.

Encontrava-me absorto, quando ouvi Júlia, pela linguagem dos pensamentos, convidar os presentes para a reunião. Fiquei mais uma vez muito impressionado, porque era a primeira experiência que eu tinha daquilo que estudara nas Obras Espíritas. A linguagem real para a comunicação entre encarnados e desencarnados só poderia ser mental. Caso contrário, teríamos de fazer um trabalho de materialização para o fenômeno de voz direta, para que os encarnados pudessem nos ouvir. Aquilo que as pessoas estavam ainda por dizer, na linguagem articulada, soava primeiramente para nós, Espíritos desprovidos do corpo carnal. A sensação que eu tinha era de que os encarnados viviam em câmera extremamente lenta, praticamente parados.

Algumas Entidades se fizeram presentes, parentes e amigos que já habitavam nosso Plano, mas, para maior surpresa, quando minha querida Júlia iniciou a prece de preparação da reunião, uma luz rosa clara prateada envolveu todo o ambiente, trazendo inclusive um perfume suave desse tipo de flor.

Olhei ao meu redor tentando identificar de quem se tratava, mas, somente depois de alguns segundos, pude divisar a figura diáfana de uma dama que se mostrava sorrindo e colocou-se atrás de minha esposa, acompanhando-nos respeitosamente na oração. Confesso que era impossível controlar minhas lágrimas de emoção, porque o envolvimento vibratório daquele Espírito era algo indescritível. A paz e o amor não só reinavam no ambiente como nos envolvia a todos, como se estivéssemos recebendo um abraço, que, naquele instante, dada a minha pequena evolução e conhecimento, pude comparar ao envolvimento de braços maternos quando nos enlaçam amorosamente transmitindo-nos segurança.

Júlia resolveu abrir "ao acaso" *O Evangelho Segundo o Espiritismo*, e a página foi aberta no capítulo 4, intitulado: "Ninguém poderá ver o Reino de Deus se não nascer de novo", no seu item de número 18: "A reencarnação fortalece os laços de família, ao passo que a unicidade da existência os rompe"[4].

Para os mais desavisados, poderia parecer coincidência, mas para nós que sabemos que elas são impossíveis na Administração Divina, tínhamos plena certeza de que a Entidade Superior que se apresentava havia colocado o seu dedo no ponto a ser debatido naquele momento tão especial para mim.

Após a leitura da lição tão magnificamente escrita pelo nobre Codificador, meus filhos e noras discorreram de forma sucinta o que haviam entendido sobre o assunto, enquanto Júlia ouvia atentamente cada colocação. Quando minha esposa iniciou seu breve comentário, a Elevada Entidade que se encontrava presente envolveu-a de tal maneira, que ambas pareciam ter-se fundido em uma só pessoa.

Não saberia dizer quem estava naquele instante falando, porque os movimentos labiais da esposa se confundiam com os da Entidade e saíam, ao mesmo tempo, eflúvios prateados não somente do cardíaco daquele Espírito, como suas palavras, por intermédio

---

4 KARDEC, Allan. *O Evangelho Segundo o Espiritismo*, tradução de Guillon Ribeiro. Campos dos Goytacazes/RJ: Editora Letra Espírita. 2023, p. 64.

de Júlia, emitiam sons semelhantes.

O espetáculo era simplesmente magnífico. Olhei para os demais presentes e todos, como eu, estavam profundamente emocionados com aquela cena de luz e bênçãos.

A Mentora discorreu sobre a passagem de Jesus com Nicodemos, o doutor da lei que ansiava por entender sobre a reencarnação. O ponto valorizado pela nobre matrona foi o item 23 do mesmo capítulo[5], no qual Allan Kardec faz o brilhante resumo sobre as quatro alternativas para o Homem, e de seu futuro depois do desencarne.

Ao término dos comentários, fizeram-se as vibrações e a prece final, encerrando a reunião.

Júlia agradeceu a presença de todos, nos dois Planos dimensionais, e dedicou uma saudação com muito amor à Mentora presente e à minha pessoa. Achei que poderia ter uma parada cardíaca tamanha era a emoção que sentia. Pensei por um instante:

— Se eu não me controlar, acabo morrendo de novo e dando o maior vexame... — ri de mim mesmo.

---

5 KARDEC, Allan. *O Evangelho Segundo o Espiritismo*, tradução de Guillon Ribeiro. Campos dos Goytacazes/RJ: Editora Letra Espírita. 2023, p. 66.

Não atentei que meus pensamentos poderiam estar com certeza sendo lidos pela Mentora presente, e realmente foram, porque ela se aproximou sorrindo. Envolveu-me em suas vibrações, e eu, muito particularmente, fiz uma força enorme para não cair de joelhos e não beijar os seus pés.

Disse-me amorosamente:

— Meu filho, é uma alegria para todos nós nos reencontrarmos no serviço para Jesus. Tenho acompanhado seus esforços há algum tempo e, com satisfação, vejo que está aproveitando as oportunidades do trabalho ofertado. Receba os meus parabéns não somente pelo dia de hoje, mas também pelo empenho na construção de um futuro melhor por meio de sua Evangelização. O trabalho com Jesus é vida nova e despertamento da consciência de que todos somos irmãos, filhos e filhas de um mesmo Pai.

— Senhora, não sou merecedor de suas palavras e tampouco sou a criatura que a senhora acredita. Não uso de falsa modéstia e, sim, de toda a minha sinceridade.

— Deixe disso, meu filho. Somos companheiros de muito tempo. Você não pôde me conhecer quando retornou ao planeta, porque já me encontrava desencarnada, mas eu fui a sua bisavó e acompanho seus passos desde quando foi preparada a sua programação reencarnatória. Fique em paz e que Jesus nos abençoe a todos!

Despediu-se osculando-me a testa amorosamente. Ao afastar-se, a luminosidade que lhe era própria ficou durante alguns segundos no ambiente, mas o seu perfume continuou impregnando o local de tal forma que Júlia e uma de minhas noras comentaram que sentiam aquele aroma suave e maravilhoso.

Um dos meus filhos disse:

— Vai ver que é do papai, mamãe...

No mesmo instante, eu não pude resistir e comentei com Rogério:

— Caso eles sentissem o meu perfume, provavelmente sairiam correndo daqui. Espírito inferior como sou, só exalaria enxofre, como é comum entre os demônios — brinquei.

— Você não tem jeito mesmo, João! Por favor, despeça-se de seus familiares, porque precisamos ir andando — finalizou Rogério.

Abracei e beijei cada um, especialmente a minha querida Júlia e nos colocamos a caminho do retorno ao Hospital.

CAPÍTULO 18

HIDALGO

Retornamos ao Hospital sem grandes percalços em nosso itinerário. Algumas Entidades que avistamos no caminho fugiam espavoridas, geralmente por medo de serem levadas conosco para internação, conforme explicado por Rogério.

Sabíamos que ninguém seria conduzido contra a sua própria decisão. No entanto, o desconhecimento das lições do Evangelho de Jesus, ou mesmo suas interpretações equivocadas, fizeram com que muitos desses Espíritos se recordassem de informações da História sobre a distorção dos ensinos do Cristo por interesse político e econômico, tentando forçar consciências. Cruzadas, inquisição e outros assuntos correlatos... Quanto tudo isso danificou o entendimento imaturo de muitas criaturas!

Trabalhamos hoje na recuperação de muitos de nossos irmãos que se perderam na tola ilusão do poder firmado na força, com a pretensão de impor Jesus aos corações das pessoas, como se isso pudesse ser possível.

Não só os que se enganaram em suas posições com o uso da força, como também aqueles que se deixaram contaminar pelo vírus do materialismo, por terem seus valores mais simples em relação à Espiritualidade, completamente espezinhados por interesses mesquinhos e passageiros dos chamados poderosos de plantão.

Encontrava-me já acomodado em meus aposentos, meditando sobre este período da História, quando o interfone tocou. Era Roberval querendo saber como havia sido a experiência do trabalho com o grupo de Rogério e a visita ao antigo lar.

Relatei sucintamente os episódios do dia, recebendo do Mentor Amigo palavras de estímulo e vibrações de sucesso no trabalho com Jesus.

Informou-me que se ausentaria de suas atividades por quase um mês para frequentar um curso no campo da Psicologia, visando aperfeiçoar o seu atendimento nos casos de maior complexidade. Recebera o convite diretamente do Dr. Diogo e ficaria instalado em um centro de estudos numa cidade próxima.

Perguntou o que eu pensava sobre a possibilidade de substituí-lo, durante este período, no trabalho sob sua responsabilidade. Minha indicação já havia sido submetida ao Dr. Diogo e aceita sem qualquer contratempo.

A princípio, fiquei honrado, mas também temeroso, porque o serviço que estava sob a administração de Roberval assistia casos extremamente delicados de irmãos suicidas. Perguntei se eu, com tão pouca experiência, estaria apto a assumir tamanha incumbência.

Disse-me que experiência não me faltava pelos longos anos de atendimento no Centro Espírita em que trabalhei quando encarnado e mesmo durante o processo de desdobramento natural durante o sono, e que experiência se ganha na ação, e não na teoria.

Aceitei imediatamente e, no dia seguinte pela manhã, já estava a postos no andar designado.

Roberval informou-me que eu seria substituído por um colega recém-chegado de outra unidade e que não me preocupasse, porque o meu trabalho teria continuidade regular. O importante era o meu foco total na nova atividade.

Estaríamos juntos nos primeiros três dias para que eu fosse me habituando e, depois, ele poderia partir para participar de seu curso.

O primeiro caso a ser atendido era o de um rapaz chamado Hidalgo, que desencarnara há pouco mais de dois anos por overdose de cocaína. Seu estado de deformação causava espanto. A cabeça era enorme. Seu rosto era um misto das feições de monstro e demônio. Seu corpo, coberto de escamas de coloração cinza escura, lembrava o de uma serpente. Por isso, não entendi por que o paciente encontrava-se em ala especial. Os casos anteriormente atendidos em meu andar se mostravam semelhantes em gravidade.

Roberval solicitou que eu fizesse a auscultação mental. Fiz uma prece silenciosa, pedindo a Jesus que me auxiliasse naquele instante, para que o meu esforço não fosse em vão.

Comecei a ver cenas tumultuadas, com gente armada trocando tiros entre si e, na sequência, com policiais. Vi dependentes químicos em estado de miséria física e moral, muitos deles agonizando.

Virei-me para Roberval e relatei:

— Está tudo muito confuso... Com certeza é a minha pouca destreza com o recurso de análise mental. Não sei o que se passa, tenho dúvidas...

— João, concentre-se. Nossa insegurança é o maior obstáculo no desenvolvimento de nossas faculdades. Não duvide! Insista para tornar-se capaz.

Voltei ao processo e notei que as imagens se apresentavam mais claras. Entretanto, se repetiam da mesma maneira e intensidade.

— Roberval, continuo vendo as mesmas cenas...

— Excelente! Veja então como a situação deste nosso

irmão é delicada. Procure intensificar e observar neste instante as ligações existentes.

Aumentei minha atenção aos detalhes mais sutis dos eventos e pude notar que fios extremamente tênues, de cor escurecida, saíam do cérebro do paciente e se ligavam às pessoas que se mostravam na auscultação inicial. Pareciam fios que cambiavam energia de alta potência entre Hidalgo e aquelas criaturas.

— Percebeu?

— Sim. Parece uma verdadeira rede.

— E é. São as pessoas que, de maneira direta, desencarnaram por ordem de Hidalgo quando ele chefiava uma facção criminosa responsável pelo tráfico de cocaína na cidade onde vivia. Encontramos também outras vítimas indiretas, porque consumiam o produto comercializado pelos seus agentes.

— Vítimas indiretas, Roberval?

— Sim, porque os indivíduos possuem seu livre-arbítrio para o consumo e a consequente dependência. Notei que você no início não viu grandes diferenças nas questões de maior ou menor gravidade, não foi, João?

— Sim, a princípio me pareceu muito semelhante.

— Pois é. No entanto, a gravidade não está no dano diretamente causado a nós mesmos, mas ao que promovemos para o nosso próximo. Hidalgo não se comprometeu somente com a overdose causando seu desencarne, mas tem uma carga pesada sobre os seus ombros de toda a infelicidade que fomentou.

— As ligações, Roberval?

— São os Espíritos que o obsidiam e, apesar de Hidalgo estar internado em nosso Hospital, eles alimentam suas fixações mentais na vingança. O pobre infeliz foi retirado do local onde desencarnou e encontra-se praticamente escondido daqueles que procuram aplicar a justiça pelas próprias mãos.

— Mas não entendo. Ele não promoveu tudo isso?

— Sim, mas precisamos primeiro atender suas vítimas, retirando-as do foco de ódio que elas mantêm por ele, dando a oportunidade para que se recuperem e possam reencarnar dando prosseguimento às suas vidas. Deixando Hidalgo nas mãos deles, como esteve nos últimos dois anos, somente continuaremos estimulando o ódio, sem qualquer chance de recuperação daqueles a quem ele prejudicou.

— E Hidalgo?

— Sua caminhada será longa e delicada. Reencarnações expiatórias seríssimas o aguardam, até que, um dia, conscientize-se e inicie um trabalho em favor de seus semelhantes, alguns dos quais poderão ser aqueles mesmos que foram suas vítimas no passado recente. Outros receberão de seu sacrifício no bem o resultado de sua transformação. Nada se perde nas Leis Divinas, e a Justiça é feita, meu caro João, porque ela está em nossa consciência em essência e, no momento certo, mostra-nos o que temos que fazer.

— Qual será meu expediente nesse caso, Roberval?

— Pacientemente, você utilizará os recursos da fluidoterapia a fim de desfazer os elos das mentes envolvidas com o paciente. Dessa maneira, suas vítimas, que estão sendo resgatadas, começarão a receber tratamento e, com o passar do tempo, poderão reencarnar.

— Quanto tempo será necessário para que esses laços sejam quebrados?

— João, sendo otimista, de seis a oito meses, ou mais, para termos os primeiros resultados.

— Meu Deus! Quanto tempo desperdiçado...

— Infelizmente, João. Por sentirmos nossa imortalidade, porque nos é inerente, acreditamos que temos todo o tempo do mundo para desperdiçarmos em nossa existência, quando temos muito, não mais do que um século, não?

— Sim, e como passa rápido...

— É verdade!...

CAPÍTULO 19

GERTRUDES

Terminada a sessão de fluidoterapia com Hidalgo, adentramos em outro aposento, onde uma paciente, aparentando a idade aproximada de uns 50 anos, debatia-se em sua cama.

Os olhos viravam nas órbitas, gritava por socorro, insistindo em fugir dos demônios que a atormentavam. Seu aspecto impressionava, em virtude da quantidade de pústulas espalhadas pelo corpo, transbordando um líquido de cor amarelada e de odor extremamente desagradável.

Na realidade, não havia uma parte que se encontrasse visível de sua compleição física e que não apresentasse feridas de tamanhos variados.

Roberval, aproximando-se, colocou sua destra sobre o coronário e, em seguida, envolveu o centro de força frontal daquela irmã, iniciando uma transferência vigorosa de fluidos balsamizantes que gradativamente foram serenando a agitação da pobre senhora.

Um enfermeiro diligente logo se apresentou, fazendo uma limpeza geral nas áreas mais expostas, utilizando um produto em spray que reduzia razoavelmente o odor no ambiente.

Mais uma vez, o meu Mentor solicitou que eu empregasse minhas faculdades de análise mental.

Ao auscultar a senhora à minha frente, percebi grande agitação em um local cercado de homens e moças, na sua maioria jovens adolescentes, onde a bebida, as drogas e o sexo eram comercializados avidamente.

Descortinava também muitos rostos infelizes e revoltados, dirigindo impropérios e acusações variadas para a nossa irmã. Notei que a presença dela no ambiente era de uma coordenadora dos negócios escusos.

Encerrei a breve verificação e, olhando para Roberval, disse:

— Se eu estiver correto, creio que visualizei um...

— Bordel! — concluiu meu Mentor.

— Sim. Exatamente!

— Nossa irmã Gertrudes foi proprietária de um desses locais, onde costumava aliciar pobres moças do interior do país com promessas de trabalho e boa vida na capital. A grande maioria delas era adolescente e acabava sendo literalmente escravizada nesse tipo de atividade infamante. Possuidora de certo dinheiro, aferido não somente com a prostituição, mas também com drogas e bebidas que eram servidas em grande quantidade, remunerava bem seus seguranças para que tudo andasse dentro da mais perfeita ordem. Caso alguma das meninas tentasse fugir do local, a punição geralmente era capital. Pagava-se com a vida tamanha ousadia. Os rostos acusatórios que viu são das pessoas que foram lesadas por Gertrudes, prestadores de serviço ou clientes de sua casa de facilidades, para ser mais brando em minhas colocações.

— São obsessores que agem a distância, Roberval?

— Aqueles que não aceitaram se direcionar para novas perspectivas de vida, buscando sua Evangelização agem por processo hipnótico, fazendo que a nossa irmã visualize cenas demoníacas, que a atormentam dia e noite. João, todos nós sempre tememos alguma coisa quando estamos compromissados com o desequilíbrio. Não existe paz para aquele que procura viver fora das Leis de Deus. Mesmo que apresente inconsciência sobre muitos valores do Espírito, não podemos olvidar que a base do respeito está inserida em cada um de nós, em menor ou maior grau. Logo, a consciência culpada criará, dentro de suas limitações, os monstros que teme. Os cobradores vistos na auscultação mental de Gertrudes não apresentam dificuldade alguma na ligação que estabelecem com ela. Como sabemos, o ódio algema as criaturas durante o período em que elas conservam essa chama acesa. Pode durar anos, séculos ou milênios, dependendo do desejo daquele que se sente vítima e da responsabilidade que é mantida mentalmente pelo algoz em relação aos prejuízos causados aos outros quando da defesa de seus interesses.

— Interesses que, por vezes, a criatura acredita que sejam válidos, não, Roberval?

— Sim, você está certo. Há casos em que o indivíduo comete atos ilícitos, mesmo tendo noção exata sobre o que faz. No entanto, repete as atitudes por achar que, se todo mundo faz, ele seria um estúpido se não fizesse. São os fracos de caráter que vivem em busca de oportunidades de levar vantagem sobre os outros. Lembremo-nos de Jesus: "Os piores cegos são aqueles que não querem ver", não foi assim que Ele nos ensinou, João?

— Sim, foi isso mesmo.

— Logo, Gertrudes acreditava que o seu ramo de negócio atendia às necessidades de muita gente e garantia um bom lucro. Aos seus olhos, não se tratava de algo totalmente ilegal. As velhas justificativas que procuramos para amortecer nossa consciência. Mas, mesmo utilizando esse recurso de fugirmos de nós mesmos, como já disse, a Lei básica de responsabilidade estará atuando dentro de nós. Enganamo-nos em relação às distorções promovidas em nossos valores, porque, um dia, nos haveremos conosco mesmos. De uma maneira ou de outra, tudo aquilo que está em desarmonia em relação aos valores do Espírito Imortal, cuja base são o bem e o amor, serão ajustados em longos processos doentios da mente ou somatizados, até que nos sintamos quites com a Lei. Jesus novamente, nos ensina que da prisão de nós mesmos, obviamente, não sairemos até que seja pago o último centavo.

— Roberval, incrível como as lições se repetem, não? Lembro-me de muitos casos atendidos pela nossa Equipe no Centro Espírita, nos quais a similaridade dos problemas e dos ensinamentos era comum.

— Sem dúvida, João. Repetiremos as lições até que automatizemos o amor fraterno em nós. Enquanto nossas respostas não forem instintivas no bem, não dispensaremos a repetição. Por isso, é necessário exercitarmo-nos nas boas obras, nos precavendo de situações desagradáveis, tanto para nós como para o nosso próximo. Portanto, nosso livre-arbítrio é para ser utilizado com inteligência. Não simplesmente faço o que eu quero, mas, sim, o que devo, responsavelmente. Responsabilidade deve ser o leme do Espírito que espera alcançar resultados mais adequados à sua evolução.

— Tenho algumas perguntas. Posso fazê-las?

— Claro, João. De que se trata?

— Há quanto tempo Gertrudes está nesta situação?

— Está internada aqui há aproximadamente três anos. Quando foi resgatada, encontrava-se vagando há cinco anos na casa que dirigia.

— Em que condições, Roberval?

— Péssimas, evidentemente. Seu suicídio deu-se pela sexualidade desregrada que a fez contrair sífilis, cujo resultado pode ser em parte visível em seu perispírito, além do consumo do álcool e das drogas. Após o desenlace do corpo físico, ficou prisioneira dos desencarnados que não a perdoaram e queriam fazer justiça com as próprias mãos. Muitos já haviam se afastado do local procurando melhorar-se, porém os mais revoltados não a perdoaram e continuam a distância perseguindo-a até hoje, como você mesmo constatou.

— Como serão as perspectivas para o futuro? — questionei o Mentor.

— Obedecerão exatamente aos esforços empreendidos por ela mesma. Naturalmente que, no primeiro estágio, deverá reencarnar com os reflexos de seu perispírito acentuadíssimos. Nossa irmã será acometida de uma das mais antigas enfermidades conhecidas no mundo: a hanseníase, vulgarmente conhecida como lepra. E ainda mais...

— Mais?

— É lamentável que seja assim, mas os desdobramentos com o uso das drogas, do álcool e ainda seus obsessores que estão obstinados no ódio, exercendo papel agressivo no seu cérebro perispirítico, finalizarão o quadro de dor e Gertrudes sofrerá da Síndrome de Cotard.

— Síndrome de Cotard?

— Trata-se de uma rara síndrome resultante de dano cerebral ou distúrbio mental, que martiriza o enfermo com a impressão de ser um morto vivo. Acreditando-se um cadáver ambulante, pensa estar apodrecendo em vida. A mencionada síndrome leva o sobrenome do neurologista Jules Cotard.

— Meu Deus! Associada a hanseníase, isso será um verdadeiro suplício.

— Não nos esqueçamos, no entanto, João, de que Deus é nosso Pai que nos auxilia a cada instante com o Seu infinito amor. A enfermidade não é castigo, mas, sim, purgação necessária daquilo que nos impomos ao longo dos séculos ou milênios. O que está desequilibrado pede, ou melhor, exige que o retorno ao centro ocorra em menor prazo de tempo possível. Todas as vezes que atentarmos contra nós ou contra o direito do semelhante, necessitaremos de corrigenda para o restabelecimento do equilíbrio. Não nos enganemos entendendo que a enfermidade é um mal. Ela é o bem não compreendido que opera em nós a corrigenda que não queremos levar a efeito pela nossa própria vontade.

— Então, Roberval, vem daí o uso do livre-arbítrio, de maneira inteligente.

— Sem dúvida. É essencial refletir antes de agirmos e não simplesmente reagirmos, como estamos por vezes habituados, não é mesmo? A fera reage, mas o Homem atual possui inteligência e moral suficientes para agir. João, agora vamos orar por Gertrudes a fim de prosseguirmos nossos serviços.

— Sim, Roberval. Fico mais uma vez grato pelas observações...

— Agradeçamos a Jesus, meu amigo, pela confiança que Ele deposita em nossas atividades em favor do bem, que sabemos ser ainda muito incipientes de nossa parte...

CAPÍTULO 20

COMPROMISSO ACENTUADO

Continuamos o expediente de fluidoterapia nos pacientes que visitamos durante o dia. Era um caso mais árduo que outro. Boa parte deles era patrocinada por suicídio inconsciente, com ligações obsessivas de grande expressão. Alguns se mostravam conscientes diante do desespero, na tentativa inútil de livrar-se de perseguições implacáveis.

Encontrávamos também problemas os mais diversos de Espíritos que sucumbiam diante das provas a que eram submetidos. Sentiam-se incapazes de superar os desafios e impunham-se a desencarnação violenta por livre decisão. Com essa postura, atraíam obsessores oportunistas, criaturas infelizes, que, na maioria das vezes haviam utilizado do mesmo ato, reduzindo suas existências.

As razões pelas quais esses pacientes se encontravam internados em ala especial deviam-se às questões relacionadas aos processos obsessivos, sendo necessário não somente o atendimento do irmão que havia cometido o gesto extremo, mas também a assistência em paralelo de seus acompanhantes, mesmo que estivessem distantes.

Verificava como eram intrincadas as questões obsessivas. As ligações existentes me impressionavam.

Grande parte dos pacientes vivia uma existência conjugada, na qual os pensamentos agiam concomitantemente. Uma mente alimentando a outra em caráter simbiótico, de total dependência.

Eventos dessa natureza exigiriam longo período de tratamento, não só em nosso Hospital, como também a inserção em programas reencarnatórios, procurando inicialmente apaziguar as mentes que, frequentemente, se odiavam há séculos.

Apenas uma reencarnação não ofereceria a solução definitiva. Em geral, tratava-se de um primeiro passo, verdadeiro preparo para o início do trabalho de desligamento pacientemente elaborado tendo como objetivo final a evangelização das criaturas envolvidas. Senão todas, pelo menos aquelas que se dispusessem às mudanças de roteiro, modificando suas emissões vibratórias.

Com a intenção de ampliar conhecimentos, perguntei ao Mentor Amigo:

— Existem casos ainda mais complexos em nosso Hospital?

— Desafortunadamente, sim!

— Mesmo? E onde se encontram?

— Em andar específico onde é realizada a triagem

de internação. São companheiros recém-resgatados de regiões de profundo sofrimento. Você gostaria de visitar algum deles?

— Posso, Roberval?

— Sim, no entanto, aviso que são assistidos em situação de extrema perturbação e os quadros demonstrados costumam chocar os enfermeiros mais experientes.

— Mesmo assim gostaria de analisar pelo menos um dos pacientes. Pode ser?

— Sim. Então, me acompanhe até o primeiro subsolo, que é o local onde é realizada a seleção.

Ao desembarcar do elevador, notei um ambiente com iluminação reduzida, com o odor de um produto que lembrava o éter, sendo um pouco mais suave.

A movimentação de médicos e enfermeiros era intensa, lembrando um pronto-socorro de um hospital na Terra. A recepção ficava bem na frente dos elevadores.

Roberval aproximou-se e, após sua identificação, a recepcionista solicitou que aguardássemos pelo médico plantonista responsável pelo turno.

Não demorou muito tempo e aproximou-se de nós uma jovem aparentando não mais que 30 anos. Pela sua identificação no jaleco, pude verificar seu nome e especialização: Dra. Janaína, cirurgiã.

Roberval apresentou-me, informando o motivo de nossa visita. Seria breve. No entanto, se houvesse algum inconveniente, voltaríamos em horário mais adequado. A doutora, sorrindo amigavelmente, nos tranquilizou:

— Não se preocupe, Roberval. Podemos analisar um dos casos recém-chegados para o esclarecimento do amigo que nos visita.

— Doutora, agradeço sua gentileza — disse, por minha vez.

— Bem, João, Roberval já deve ter adiantado algumas observações referentes aos nossos irmãos atendidos neste andar, não?

— Sim, senhora, já fui informado.

— Muito bem. Ontem recepcionamos um enfermo que se encontrava há mais ou menos 16 anos nas regiões inferiores. Trata-se de um companheiro desequilibrado no crime, tendo se tornado um homicida perigoso em sua breve jornada reencarnatória. Viveu na organização física não mais que 35 anos. A observação será realizada por uma janela de onde o paciente não percebe que está sendo observado. Não seria para evitarmos um constrangimento para ele, porque seu nível de consciência é quase zero. A precaução do isolamento é por motivo de contaminação vibratória que esses infelizes irmãos emitem, criando corpúsculos patogênicos altamente infecciosos. Na maioria das ocorrências, necessitamos de trajes especiais quando entramos no ambiente em que estão instalados.

— Jamais poderia supor. Agora entendo os odores que sentia de medicamentos ou algo assim, quando atendíamos determinados irmãos desencarnados em nossas reuniões no Centro Espírita, onde trabalhava. Seriam produtos de desinfecção?

— Sim, necessários para o tratamento do assistido e também proteção do trabalhador voluntário.

— Podemos prosseguir, João?

— Sim, doutora, obrigado.

Entramos em um espaço conjugado a uma espécie de câmara totalmente isolada e a paisagem mostrou-se completamente aterradora.

Avistamos uma massa disforme e escurecida, da qual surgiam algumas cabeças com rostos deformados que se misturavam a braços e pernas que mais se pareciam com tentáculos. Emitiam um som gutural, semelhante a uivos.

Algumas criações, que lembravam gigantescas sanguessugas ou lesmas, ficavam agarradas àquela estrutura patética.

O drama à minha frente certamente mostrava-se pior que os filmes de terror produzidos com alta tecnologia de imagem computadorizada. Um verdadeiro horror.

Foi Roberval quem encerrou o silêncio e me alertou:

— João, mentalize imediatamente Jesus e Seu Divino Amor por todos nós. Não mantenha a vibração de aturdimento, porque ela poderá ser captada pelos nossos irmãos em sofrimento, aumentando-lhes o desconforto e a dor. Vibre amor, meu amigo, amor.

Pedi mentalmente a Jesus que me amparasse naquele instante para que meu padrão vibratório não caísse, em prejuízo não somente daquelas pessoas, mas em meu próprio.

— Mantenha-se em oração e faça a auscultação mental — solicitou meu Mentor.

Cerrei meus olhos e, no instante em que concentrei meus esforços, pude ver cenas de crimes violentos praticados pelo desditoso irmão, circundado pelas Entidades que permaneciam jungidas a ele como verdadeiros vampiros deformados.

Seu desencarne ocorreu em meio à troca de tiros com a polícia, vitimando, inclusive, inocentes que passavam nas imediações do conflito.

Outros desdobramentos de sua curta existência passaram rapidamente pela tela mental que eu observava, sendo, na sua imensa maioria, circundados de violência extrema contra idosos e crianças. A crueldade era moeda corrente naquele grupo que estava engalfinhado diante de nós.

Terminada a verificação, perguntei:

— Doutora, como será realizado o tratamento desses nossos irmãos?

— Iniciaremos com operações magnéticas profundas, nas quais a cirurgia de desligamento será utilizada após esse período, dependendo naturalmente dos primeiros resultados. Caso contrário, a reencarnação de choque não será descartada.

— Reencarnação? Todos eles de uma vez? Como será possível?

— João, não é um procedimento efetivado em caráter completo. Teremos uma reencarnação que podemos chamar de contato. Nela, todos eles estarão ligados à futura mãe pelo período máximo de dois ou três meses, se tanto. Com esse procedimento, estaremos anestesiando as lembranças da presente existência de cada um e verificando a possibilidade de operarmos os desligamentos necessários. Tal separação não irá ocorrer com todos. Por isso, como medida emergencial, teremos algumas reencarnações de xifópagos, com uma curta passagem pelo planeta. Esses procedimentos são, na realidade, a primeira fase do tratamento.

— Doutora, quanto tempo eles dispenderão nesse processo? E quem serão os seus pais?

— Tempo, João, é algo que não podemos precisar, porque dependerá do esforço pessoal de cada um. Como analogia, é o mesmo que educarmos uma criança. Durante certo período, faremos o que for adequado à sua melhor qualidade de vida, educação etc. Porém, à medida que o Espírito passa a se conduzir na vida, temos que respeitar as suas escolhas. Entretanto, se podemos colocar um objetivo, não menos que dois séculos para os resultados começarem a surgir, se tudo ocorrer como planejado, porque temos, da parte de cada um deles, o livre-arbítrio. Em relação aos seus pais, serão pessoas cujo envolvimento com os crimes praticados foi indireto, mas, nem por isso, são menos responsáveis. Serão, provavelmente, dois dos interceptadores das mercadorias que eram roubadas pelo paciente que você acaba de analisar.

— Qual era o nível de consciência que ele possuía em relação à sua própria vida quando estava encarnado, doutora?

— Bem, tinha noção do risco que corria em cada crime praticado, o que aumenta sensivelmente sua responsabilidade quanto ao suicídio.

— Foi sua opção o suicídio?

— João, quem coloca sua vida em risco, por opção, não estará praticando um tipo de suicídio, seja ele consciente ou não? Aquele que ingere uma substância que prejudique a vida causa menos violência a si mesmo do que aquele que utiliza uma arma? Algumas escolhas são mais efetivas para nos levar ao desencarne, porém, não menos responsáveis em relação ao suicídio, não?

— Bem, isso é um fato. Lembro-me de um assistido em nosso Centro, fumante inveterado e, por mais que insistíssemos com ele para preservar sua saúde, porque já sofrera de um câncer de pulmão, de nada adiantou. Ele preferiu o desencarne, mas não abriu mão de sua dependência.

— Guardadas as devidas proporções, seu exemplo,

João, passa por situação semelhante a este caso no tocante ao suicídio. Porém, o irmão à nossa frente tem seus compromissos avultados por ter imposto não só a violência a si próprio, mas também aos seus semelhantes. Não podemos imaturamente fazer comparações, concorda?

— Concordo, sem sombra de dúvida! Seja como for, até que ponto nós complicamos a vida, não?

— Lamentável que seja assim. Porque o nosso caminhar deveria ser sobre pétalas de rosas, mas, por insistência, ainda preferimos os espinhos — completou a terapeuta.

CAPÍTULO 21

CONEXÕES

Nós nos despedimos da Dra. Janaína, agradecendo as informações prestadas e, sendo já próxima a hora do almoço, resolvi fazer mais algumas indagações ao Mentor.

— Roberval, durante nossa visita ao andar de triagem, toquei rapidamente no assunto do auxílio que prestávamos aos irmãos suicidas no Centro Espírita, do qual eu fazia parte.

— Sim. Você falou sobre a emanação de produtos que lembravam medicamentos e a Dra. Janaína deu as explicações a respeito...

— Exatamente. Mas a minha dúvida é sobre a condição dos atendimentos. Como esses nossos irmãos chegavam até nós? Noto que o tipo de intervenções prestadas aqui no Hospital, além de apresentar recursos que estão fora do alcance da Medicina terrestre, trata de casos extremamente delicados cirurgicamente, entre outras providências.

— João, o atendimento no Centro Espírita faz parte da terapia desses pacientes. Quando os enfermos apresentam certa recuperação, dependendo da necessidade, nós os conduzimos para um trabalho fluidoterápico complementar ou de esclarecimento com o auxílio dos médiuns. Vários Centros Espíritas são postos avançados que nós possuímos no planeta. A Casa que você frequentava quando encarnado é um pronto-socorro para o encaminhamento dos irmãos que são resgatados na crosta. Atendem também os pacientes que nós encaminhamos para que recebam os fluidos magnéticos de origem animal. Necessitamos, em muitos desses casos, dos fluidos do duplo etérico dos nossos irmãos encarnados, em virtude da condição que o suicida se encontra. Para alguns casos, o contato com a matéria facilita o despertamento e a compreensão de seu quadro e, para outros, traz o choque necessário para a saída do processo de monoideísmo que o indivíduo se encontre. Nos procedimentos mais simples, nos quais os Centros Espíritas filiadas ao nosso Hospital atendem, o contato com o fluido vital dos encarnados é suficiente para o paciente, dispensando o recurso da reencarnação, por exigir maior cota de tempo para ser efetivado.

— Entendo agora, a importância das doações energéticas de todos os que participam em uma assistência especializada. É incrível como muitos voluntários chamados para o serviço de doação reclamavam por achar que não estavam atuando diretamente no trabalho. Muitos me diziam que estavam cansados de ficar assistindo à sessão que era realizada.

— Enganam-se redondamente. Porque todos têm importância fundamental para a captação que fazemos dos fluidos vitais que, associados aos Espirituais e também aos daqueles que estão disponíveis na natureza, promovem verdadeiras maravilhas para os nossos pacientes, recuperando-os em menor prazo do que se recebessem apenas o tratamento em nossa Unidade Hospitalar. O trabalho de doação pode parecer simples aos olhos do vulgo, quando este faz comparações com o médium psicofônico ou o evangelizador, mas é realmente um equívoco, repito. Suas energias são fundamentais nas operações que são levadas a efeito. Não existe trabalho no bem que seja mais ou menos importante, concorda João?

— Totalmente. Hoje, tendo a oportunidade de conhecer as atividades nos dois planos, percebo o valor de cada atitude de doação. Falando por mim, Roberval, recordo-me de que no início de minhas atividades no Centro Espírita, muitas vezes, reclamei por ser convidado apenas para o trabalho de vibrações em favor dos nossos irmãos necessitados.

— Novamente, queremos fazer analogia com o trabalho regular exercido no planeta e, imaturamente, entendemos que o funcionário que cuida da limpeza tem menor importância do que o presidente da organização.

Em relação às questões de responsabilidade, elas se igualam em valor, porque, diante de Deus, a relevância está na atitude que o Espírito tem diante daquilo que lhe compete, senão seria injusto o esforço que é feito no processo evolutivo. Se eu sou um faxineiro responsável e faço o meu trabalho com amor, serei menos valorizado que o executivo que poderá fazer as suas obrigações visando somente os seus ganhos?

— Não é o que se faz, mas, sim, como se faz, não é Roberval?

— Exato! O nosso companheiro de tarefa, cuja posição é a do médium de sustentação, tem o mesmo valor que o dirigente das atividades fazendo aquilo que lhe compete com muito amor. É importante sempre, por parte daqueles que dirigem, não o elogio desnecessário, mas o reconhecimento por meio da orientação aos voluntários que exerçam atividades que aparentemente eles acreditem ser mais modestas.

— Perfeito, Roberval. Constato exatamente isso a cada dia neste Hospital. Somente agora entendi o porquê de ter vindo para cá depois do meu desencarne. O Centro no qual me voluntariava é conectado ao Hospital que me recebeu.

— E você achou que era por acaso? Nosso Complexo Hospitalar tem inúmeras conexões com vários Centros Espíritas não só no Brasil, mas em várias partes do mundo. Trata-se de uma verdadeira rede de atendimento, onde cada recurso, por mais simples que se apresente, tem sua utilidade, meu amigo.

— Nunca achei que fosse realmente o acaso que me trouxe até aqui, mas que você deu certa forcinha, em minha opinião, você deu — brinquei.

— Não. Você construiu a ponte com o seu trabalho, João. Uma coisa que não existe em nossa Dimensão é o jeitinho. Para nós, é tudo uma questão de merecimento.

— Roberval, eu não ganho uma de você...

— Claro que ganha! Você é o amigo que mais exige de minha paciência. Sempre querendo saber, sempre perguntando...

Nós dois demos boas gargalhadas...

CAPÍTULO 22

NOVO CONVITE

No fim do expediente, encontramos Rogério retornando de uma das suas incursões na crosta planetária.

Roberval, ao vê-lo, foi na direção do amigo das lides Espíritas para cumprimentá-lo.

— Como tem passado, meu amigo?

— Roberval, João... Que satisfação revê-los! Como vocês estão?

— Bem! — respondemos praticamente em uníssono.

— Como anda o trabalho? — perguntou Roberval.

— Uma luta, como você sabe. Hoje trouxemos mais cinco irmãos nossos que foram recentemente resgatados pela Equipe de Trabalhadores de nosso Plano, vinculados ao Centro Espírita Irmão X no Rio de Janeiro. São casos complicados de jovens envolvidos com o tráfico e o consumo de drogas. Quadros lamentáveis de vampirismo. Nossos colegas tiveram muita dificuldade para retirá-los do local em que se encontravam.

— Quem eram esses nossos irmãos?

— Três rapazes e duas moças. Desencarnaram em confronto com outra facção defendendo um dos pontos de distribuição de drogas que eles administravam. Foram localizados agarrados uns aos outros, próximo do endereço que utilizavam para as suas transações. Ao desencarnarem, entraram em pânico ao observarem seus próprios corpos e os Espíritos que os acompanhavam.

— Suicídio indireto — concluiu Roberval.

— Sim. Verdadeiramente lamentável, porque são recém-saídos da adolescência. Praticamente acabaram de reencarnar — esclareceu Rogério.

— Diga, meu amigo. Qual é a situação deles e grau de responsabilidade?

— João, estão em absoluta inconsciência sobre a situação em que se encontram. Quanto à responsabilidade, cada qual tem a sua parcela. Não podemos olvidar que Deus é justo, sem faltar com o amor à Sua criação. Os jovens em questão possuem, até certo ponto, a responsabilidade pelo uso inadequado do livre-arbítrio. No entanto, outros aspectos são levados em consideração. A falta do direcionamento por parte dos seus genitores ou tutores sofre também a avaliação adequada, bem como a sociedade, que permite que os responsáveis não cumpram com as metas relativas aos investimentos dentro do campo da educação, cuja importância é fundamental. Sabemos ser um círculo vicioso a falta de educação e, consequentemente, o desemprego, para aqueles que estão reiniciando suas existências. Então, a responsabilidade não poderá recair apenas naquele que comete o deslize. Em matéria de justiça, cada item ter que ser avaliado. Aquele que incentiva o crime é mais responsável que aquele que o comete, dependendo obviamente do que move cada um diante do erro. O proceder Divino não pode ser comparado, nem de longe, àquilo que chamamos de justiça, e a metodologia correcional nunca será o tratamento dispensado à fera enlouquecida. As Leis de Deus são de amor, o que não significa que o agente fique isento de sua responsabilidade em refazer, em corrigir os danos proporcionados a ele mesmo ou a outrem. É exatamente por isso que Jesus é o maior Educador, o maior Mestre que passou pelo planeta. Sua sagrada missão sempre foi e será, pelo Evangelho que nos trouxe, a de salvar-nos da ignorância de nossos próprios Potenciais Divinos. Não veio apenas para curar, mas, sobretudo, para nos ensinar a não ficarmos doentes. O Evangelho de Jesus é o preventivo que funciona contra a nossa maior enfermidade, que se chama "egoísmo".

— Concordo plenamente, Rogério. E para nós, os Espíritas, as oportunidades que temos dentro do campo da educação são, sem sombra de dúvida, espetaculares.

— Sim, João. O Evangelho é o roteiro seguro para vivermos verdadeiramente, estejamos reencarnados ou não. Absorvê-lo e colocá-lo em prática é trabalhar pela nossa e pela educação do semelhante por meio do bom exemplo, tenha ele a dimensão que tiver. Hoje, em matéria de fazer o bem, estamos no início, mas, com o exercício continuado, chegaremos, um dia, a amar como Jesus nos ama. Quando ainda me encontrava no corpo físico, recordo-me de certa palestra que ouvi de nobre orador em visita ao nosso Centro Espírita, que utilizou de uma frase do cartunista, jornalista e escritor Henfil, o nosso Henrique de Souza Filho, mineiro de Ribeirão das Neves, que desencarnou jovem em 1988, próximo de completar seus 44 anos, frase esta de que utilizei como comparação para o meu simples esforço na busca de vivenciar o Evangelho. Dizia ele: "*Se não houver frutos, valeu a beleza das flores; se não houver flores, valeu a sombra das folhas; se não houver folhas, valeu a intenção da semente*".

— Maravilha, Rogério! Inspiradíssimo o querido escritor.

— Bem, falando em inspiração, vamos para a transpiração — disse Roberval, sorrindo.

— Falei com Rogério, cerca de dois dias atrás, a

respeito de suas atividades no Hospital e de seu aproveitamento, João. Gostaríamos de saber se você aceitaria um convite para participar do grupo que Rogério dirige, visando ampliar ainda mais seu entrosamento e aprendizado no trabalho. O que você nos diz?

Meus olhos não demoraram a demonstrar minha resposta. Emocionado, respondi:

— Honrado. Simplesmente honrado pela oportunidade de servir. Muitíssimo obrigado.

CAPÍTULO 23

MENTES INFANTIS

— A honra é minha, João, de retomarmos a velha parceria. Teremos como base o antigo Centro Espírita que frequentávamos. Partiremos por volta das 5h da manhã. Realizaremos os trabalhos de resgate e os assistidos que puderem receber os primeiros socorros serão atendidos no Centro mesmo, antes de serem transferidos para cá. Prepare-se, está certo?

— Sem dúvida, Rogério. Estarei a postos no horário acertado.

Quase não preguei os olhos durante a noite. A satisfação que me envolvia era tamanha, que tomava conta de mim uma excitação tremenda, não só pelo trabalho que estava por iniciar, aumentando minhas oportunidades de servir e aprender, mas também pela chance de poder constatar as atividades do Centro na Dimensão em que me encontrava agora.

O grupo reuniu-se em um dos jardins do Hospital. Os trabalhadores já estavam de posse dos equipamentos necessários e acompanhados por dois cães fila.

Rogério convidou-nos para a prece inicial, no sentido de nos irmanarmos vibratoriamente e assim que encerrou a bela rogativa, nos pusemos a caminho.

Desta vez, o ambiente fora do Complexo mostrava-se mais hostil. A atmosfera era mais pesada se comparada à minha primeira incursão, e a luminosidade mostrava- se bastante comprometida.

Era possível enxergar apenas poucos metros adiante, porque uma cerração mais escura e espessa envolvia todo aquele ambiente desolado. Bastou que eu pensasse na razão disso para que Rogério viesse em seu socorro.

— Você está diante do resultado da energia emitida pela população dos encarnados, na região imediata ao local onde nos encontramos. São instantes de descrença nas instituições e de falta de fé. Nossos irmãos estão sofrendo duros golpes ocasionados por ações infelizes de violência nos últimos dias. Uma rebelião em um grande presídio da capital promoveu uma comoção de proporções consideráveis. Como temos conhecimento por nossos estudos, o campo mental que nos envolve forma com aqueles que vibram no mesmo diapasão uma atmosfera de considerável intensidade, influenciando as Zonas Espirituais mais imediatas. Bons pensamentos amenizam ou literalmente transformam as energias de determinado ambiente. Em contrapartida, os desajustados são responsáveis pelo desequilíbrio, levando enfermidade, escuridão, densificando até mesmo o ar que se respira em virtude da frequência em que vibram. Esta é a razão de o entorno de nosso

Complexo Hospitalar apresentar condição mais desagradável. Mantenhamo-nos em prece e vigilância constantes para que não sejamos motivo de atração de situações agressivas em virtude de nosso receio ou qualquer outra manifestação que enseje desequilíbrio, alterando o nosso foco, que é prestar assistência aos mais necessitados.

O ar apresentava-se quase irrespirável. A temperatura tinha aspectos abrasadores com uma umidade elevadíssima, contrastando com o frio que eu sentira da primeira vez. A sensação era de estarmos em uma sauna a vapor a céu aberto, fazendo o nosso deslocamento tornar-se extremamente difícil.

De repente, os cães começaram a ladrar, indicando algo que se movia perto de nós. A princípio, acreditei tratar-se de um cão perdido ou um outro animal, mas, para minha desagradável surpresa, era um ser humano que se mostrava como uma fera, com ulcerações em grande parte do corpo, tendo o rosto deformado, lembrando a figura de um felino com algumas partes da face em decomposição.

O odor chegava a ser insuportável quando o pobre Espírito estancou à nossa frente. Os cães faziam menção de avançar. Todavia, Rogério deu comandos firmes para que se acalmassem.

A criatura emitiu dois ou três urros, como se fora um leão ou algo semelhante, denunciando nossa presença.

Não demorou para que se apresentassem dois homens vestidos com roupas de combatentes que lembravam os tempos medievais, munidos de capacetes, escudos e espadas. Um deles avançou em direção ao nosso líder, ameaçando:

— Somos os guardiões dessa região. O que vocês querem aqui?

— Nada, senhor. Apenas estamos de passagem para missão de socorro — respondeu Rogério, polidamente.

— Nós também precisamos ser socorridos, porque temos fome. Então, só poderão passar se nos derem algo substancioso para comer e alimentarmos nossa fera. Vejo que você tem dois cães. Eles alimentarão nosso grupo por uns dias. Entreguem-nos e poderão seguir viagem.

— Senhor, isso está fora de questão, porque eles não são apenas seguranças, mas também membros de nossa família.

A Entidade que parecia ser uma espécie de chefe, o qual falava com Rogério, gargalhou estridentemente.

— Família? Eles são animais, seu estúpido. Dos animais nós comemos a carne e aproveitamos a pele para nos cobrir. Deixe de bobagem e passem eles para cá.

— Se vocês querem carne, isso não será problema, porque trazemos aqui em boa quantidade.

Fiquei surpreso com a informação de nosso líder, porque eu sabia que levávamos compostos de vegetais e frutas para nossa alimentação, com a consistência de um purê. Onde conseguir carne?

Rogério com muita calma pediu que um dos companheiros trouxesse a bolsa de alimentos e entregasse para seu interlocutor, dizendo em tom austero:

— Veja que é carne da melhor qualidade e em quantidade suficiente para alimentar muitas pessoas por vários dias.

A Entidade abriu o pacote e exclamou:

— Muito bom. É de qualidade mesmo e já está assada e cheirando bem... Melhor do que comer carne de cão. Agora podem ir, desapareçam daqui!

Nós nos afastamos rapidamente do local e quando nos encontrávamos um pouco mais distante, emparelhei com Rogério e, não podendo conter a minha curiosidade de aprendiz, fiz uma expressão de questionamento.

Rogério, sorrindo de leve, discorreu:

— João, as pessoas veem aquilo que mais querem, o que mais desejam. Não se passa assim conosco quando temos grande interesse por alguma coisa? Quando por exemplo nos fascinamos? O apaixonado somente tem olhos, ouvidos e sentimentos para o fruto de sua paixão, não é?

— Sim, é fato.

— Naturalmente que, aliado ao desejo e à necessidade de nossos irmãos, foi muito mais simples a indução mental em relação aos alimentos que entregamos para eles.

— Você usou de hipnose?

— Técnica muito semelhante, utilizando-me do magnetismo puro e simples, porém, aplicado de forma adequada ao momento.

— Mas, Rogério, eles levarão o produto para os demais e como será visto?

— Levarão também o magnetismo que os alimentos foram impregnados. Todos irão se deliciar com a carne mais "vegetal" que já provaram. Será alimento sadio para a necessidade de todos eles.

— Mas, com a utilização do recurso que vou chamar

de hipnótico, não estaremos enganando esses nossos irmãos?

— João, na questão da alimentação, será enganar dando-lhes algo muito mais saudável? Como você trata uma mente infantil? Obedecendo às ordens dela ou dando-lhe o que é o mais necessário?

— Dando-lhe o que é o mais necessário, sem dúvida alguma.

— Amar é estar atento a todos os detalhes, não acha?

Se deixássemos nossos filhos escolherem, que tipo de alimentação eles mais gostariam de ter à mesa?

— Coisas apetitosas e nem sempre saudáveis.

— Que fazíamos? Orientávamos para as melhores escolhas em todos os sentidos, a começar deste ponto que estamos tratando no momento, não?

— É verdade, Rogério. Sempre procuramos o melhor para quem amamos, dentro do limite daquilo que entendemos como amor.

— E por que seria diferente com os nossos irmãos ainda infantilizados? Zelamos deles sem violentar suas consciências, porque o importante é que se esclareçam primeiro, em relação aos valores da vida. Depois de educados dentro do respeito a si mesmos e ao semelhante, investiremos nos aspectos mais básicos. Você não comentou sobre a condição do irmão que estava sendo utilizado como um verdadeiro animal. Por quê?

— Entendi, meu amigo. Porque eu vi somente aquilo que me interessava. Rogério, você é o professor com quem sempre aprendi.

— João, não exagere. Todos nós temos algo para ensinar e muito que aprender.

CAPÍTULO 24

NO CENTRO ESPÍRITA

Antes de chegarmos ao nosso destino, fizemos duas paradas para descanso, em virtude das vibrações adensadas promoverem um cansaço que eu nunca havia experimentado. Minha situação, comparada com a dos demais colegas, exigia mais cuidado, o que inicialmente me constrangeu, por um problema pessoal ser motivo de atraso da Equipe.

Rogério sempre muito generoso, percebendo meus pensamentos, falou:

— João, não se preocupe em demasia. O que você está sentindo é perfeitamente normal para os iniciantes neste trabalho. Gradativamente, você administrará com maior facilidade estes contratempos. Utilizo de uma simples comparação. Uma pessoa desabituada a trafegar por um pântano terá maior dificuldade do que aquele que vive próximo e tem que se locomover no terreno encharcado com regularidade. Fique calmo, está bem?

— Não sei como agradecer a todos vocês pela paciência.

— Quando você estiver realmente mais descansado, reiniciaremos a caminhada. Vamos aproveitar para fazer uma prece em conjunto e meditar um pouco.

Uns vinte minutos depois de nossa prece e pensamentos ordenados no bem, eu me sentia mais disposto, tendo a nítida impressão de que tomara um energético de grande poder.

Um pouco antes de retomarmos a marcha, nosso líder solicitou a um dos companheiros do grupo que servisse um suco de frutas e água que fora fluidificada durante as nossas preces.

Para os cães, colocaram alimento e água em recipientes adequados. Os belos animais simplesmente devoraram tudo rapidamente diante de meu olhar espantado.

Rogério, mais uma vez, veio aplacar a minha curiosidade:

— Já imagino o tipo de pergunta. A ração dos nossos cães é feita com carne? A resposta é não. Foram habituados à ração de origem vegetal. Vale salientar que a nossa tecnologia na área de alimentação produz o alimento com maior consistência e sabor, atendendo às necessidades caninas. Tudo de acordo, meu amigo. Respeita-se a vida conforme a necessidade de cada um. Como alcançar o pleno amor fazendo diferenças?

— Fico cada vez mais impressionado, Rogério. Jamais imaginaria aprender tanto em tão curto espaço de tempo.

— Isso porque estamos em Dimensão próxima da Terra. Imagine o que teremos pela nossa frente à medida que formos evoluindo, hein? Como era o mundo quando você reencarnou? Como está agora, João? O que será quando de nossa volta, daqui há quarenta, cinquenta anos ou um pouco mais?

— Suponho que estaremos utilizando de tecnologia para comunicarmo-nos entre as demais dimensões existentes, e os nossos contatos poderão evoluir para o campo mental à medida que nos moralizarmos em Jesus, não?

— Sim, João. Façamos votos para que possa ocorrer em breve tempo, porque inteligência e capacidade não nos faltam. Basta verificar o nível evolutivo em que nos encontramos. Gradativamente, o Homem irá perceber o quanto necessita desenvolver o amor. E aí todos nós estaremos caminhando a passos largos na direção do Pai, tendo o Evangelho do Senhor como nossa bússola.
— A conversa está muito boa, mas vamos em frente, João?

— Claro, obrigado amigo...

Em breve tempo, alcançamos o Centro Espírita onde eu servira até o meu desencarne. O movimento era considerável em nossa Dimensão, apesar do Centro estar iniciando suas atividades àquela hora do dia.

A sala reservada ao trabalho de fluidoterapia para os encarnados era, em nossa Dimensão, um verdadeiro pronto-socorro com camas e macas em espaços devidamente separados. Verifiquei a existência de vários equipamentos instalados para o atendimento dos desencarnados que eram recepcionados naquele ambiente.

Nós nos dirigimos ao salão principal onde ocorriam as palestras evangélicas e preparatórias para os passes.

A movimentação dos voluntários de nosso Plano era intensa, buscando atender as pessoas que se acomodavam em seus lugares, inspirando bons pensamentos ou aplicando energias no centro de força coronário no sentido de procederem uma higienização inicial para o tratamento que receberiam.

Todo o ambiente era envolto em luz suave, produzida por espécies de luminárias que, além de emitirem fachos de cores diferentes, davam-me a impressão de que modificavam a atmosfera do local, deixando-a muito mais sutil e agradável.

Perguntei ao nosso líder sobre os equipamentos instalados.

— São de uso comum em vários Centros Espíritas. Alteram as energias do ambiente, além de eliminarem miasmas que envolvem muitos dos assistidos que aqui se encontram. Por vezes, neutralizam enfermidades que poderiam ser instaladas na organização fisiológica ou amenizam, como verdadeiros anestésicos, as dores que muitos dos presentes sentem diante do quadro enfermiço que possam estar vivenciando neste momento. Também modificam, de fato, por um processo indutivo, os pensamentos de muitos dos presentes, estimulando, por meio de imagens, aspectos positivos e felizes da vida. É exatamente por isso que, aos poucos, nossos pensamentos são mais equilibrados quando nos disciplinamos no tratamento que nos propomos e ingressamos no Centro Espírita. É claro que toda essa tecnologia que detemos por enquanto em nossa Dimensão, de nada adiantaria sem o Evangelho do Cristo como sustentáculo para o nosso melhor proceder.

Aos poucos, os antigos companheiros de luta foram chegando e pude abraçá-los emocionadamente. Muitos percebiam a minha presença e comentavam entre si:

— Interessante, tive a nítida impressão de ter sido abraçado pelo nosso saudoso João...

Outro respondia:

— Verdade. Foi essa a sensação que tive minutos atrás...

Fiquei ainda mais emocionado por ser lembrado de forma tão caridosa por aqueles amigos sinceros que sempre tive em alta estima.

Rogério aproximou-se, me convidando:

— Vamos agora falar com o nosso querido irmão Lorenzo.

— Puxa, Rogério, o nosso fundador e Mentor da casa. Que alegria!...

Emocionei-me ao encontrar e abraçar o Amigo que somente conheci por intermédio da clarividência e das histórias de sacrifícios narradas por aqueles que tiveram a oportunidade de iniciar os trabalhos do Centro com o fundador.

Nas últimas fotos de Lorenzo que eu tivera em mãos quando ele se encontrava encarnado, ele deveria ter 80 anos. Entretanto, sua aparência atual era de um jovem de 28 ou 30 anos, no máximo.

— Amigo, como você está bem. Fico muito feliz em poder abraçá-lo, agora no mesmo Plano! — exclamei, enxugando as lágrimas de alegria.

— Você também está melhor hoje do que nos velhos

tempos que se encontrava no corpo físico — respondeu ele, com um largo sorriso.

— Veja você, Lorenzo. Nunca poderia supor que "morrer" faria tão bem para o Espírito — repliquei em tom de brincadeira.

— Desde que seja na hora certa e de consciência tranquila, não é, João? Aliás, tenho acompanhado pelas notícias enviadas por Roberval que você vem realizando um excelente trabalho, saindo-se bem em suas atividades iniciais.

— Lorenzo, você sabe como são os Mentores, não? Sempre muito caridosos com os seus pupilos. Muita bondade dele, principalmente, no terreno da paciência.

— Não seja tão modesto, cada um só tem direito de colher o que plantou. Bem, vamos ver o que temos reservado para vocês...

Dirigindo-se para Rogério, informou:

— Trata-se de uma ocorrência com um irmão suicida de nome Nicolas, cujo ato infelizmente se consumou não faz muito tempo. Sua mãezinha desencarnada, possuindo muitos méritos, veio até nós solicitando que interferíssemos no caso. Submeti aos Mentores responsáveis e o irmão em questão é Espírito com certos atos positivos praticados nesta reencarnação, razão de seu merecimento em atendimento imediato, porém, fragilizado em ponto fundamental da existência física, no terreno da confiança. Submeteu-se a uma prova em relação às questões de fidelidade nos negócios e naufragou.

Não pôde suportar as atitudes desonestas do sócio que malbaratou as reservas da empresa levando-os à falência. Encontra-se em situação de profunda inconsciência, preso aos despojos do corpo material.

— É lastimável que seja assim. Bem, vamos ver o que podemos fazer — prontificou-se Rogério.

CAPÍTULO 25

O RESGATE DE NICOLAS

Rogério reuniu nosso grupo para as orientações necessárias ao atendimento que iríamos realizar. Explicou rapidamente a situação em que se encontrava o nosso irmão Nicolas. Nossa missão seria levada a efeito em um dos cemitérios da cidade.

Concentramo-nos em prece e, uma vez preparados, colocamo-nos a caminho.

Ao chegarmos ao local, solicitamos a uma Entidade que trabalhava na assistência aos recém-desencarnados, que nos levasse até o responsável de plantão.

Nosso líder apresentou-se e informou o motivo de nossa presença.

O responsável dos serviços, senhor Tales, com extrema boa vontade, nos esclareceu:

— O caso é delicado e já estávamos aguardando ajuda de alguma Equipe especializada que pudesse trabalhar conosco. O irmão Nicolas está literalmente agarrado ao corpo em estado avançado de decomposição, demonstrando um terror sem igual. Até o momento, não conseguimos retirá-lo de seu túmulo.

— Tales, qual o maior impeditivo?

— A postura materialista que adota. Pelo que fui informado, a religião para ele estava limitada aos compromissos de ordem social. Não tem nenhuma relação sentimental com a Divindade, na qual não crê e não aceita como real, além de ligações mentais que mantêm com algumas Entidades e que, até o momento, encontramos dificuldade em desfazê-las. O bem que praticou em sua existência, limitado a pouquíssimos atos, foi desinteressado, mas o suficiente para garantir determinados benefícios, não privilégios logicamente, como o afastamento de vampiros que buscavam sugar parte de seu fluido vital após o ato agressivo contra a própria vida. Conserva certas ligações a distância com Espíritos desencarnados e infelizes que atraiu quando começou a entabular seu plano suicida. Essas mesmas Entidades infligem maior dose de terror ao recém-desencarnado e se alimentam das energias de seus pensamentos desequilibrados pelo medo.

— Pelo que vejo, Tales, creio ser melhor iniciarmos nosso trabalho com essas Entidades que não devem estar tão distantes assim, não?

— E não estão. Ficam reunidas com um grupo de malfeitores perambulando ao redor do cemitério, sempre em busca de alguma oportunidade de vampirizar encarnados ou recém-desencarnados. Temos um trabalho enorme para mantê-las afastadas. No entanto, recebem estímulos de irmãos encarnados totalmente imprevidentes, que entram no cemitério para fazer uso de entorpecentes, roubar túmulos e outras tantas atitudes absurdas.

— Posso imaginar a luta, meu amigo. De um lado, vocês tentam afastar as Entidades, de outro, nossos irmãos desavisados buscam a companhia delas. Jesus, quanta energia desperdiçada — arrematou Rogério.

— Pois é. Mas fazer o quê? Enquanto o Evangelho de Jesus não imperar no coração de todos nós, o trabalho mais simples sempre exigirá uma dose muito maior de esforço — concluiu Tales.

— Bem, vamos ver o que podemos fazer para auxiliar. Podemos ir até o local onde Nicolas encontra-se sepultado?

— Sim, fica próximo da alameda em que nos encontramos.

Quando nos aproximamos, nosso líder adiantou-se e fez uma análise rápida das ligações mentais de Nicolas com os Espíritos afeitos a ele. Virando-se para nós, falou:

— Estão muito próximos daqui. Vamos até eles e ver se conseguimos alterar as ligações existentes. Noto que são frágeis, mas assim mesmo suficientes para manter nosso irmão vinculado ao seu cadáver, motivando sua total desorientação.

Nós nos aproximamos do agrupamento que promovia verdadeira algazarra. Gargalhavam com as atitudes deploráveis de alguns deles, que se promoviam como ridículos e infelizes comediantes.

Quando avistaram nossa Equipe, tendo os dois enormes cães um pouco mais atrás, pararam subitamente com a folia.

O mais forte e embrutecido de todos, exalando um odor desagradável, com cabelos e barbas enormes totalmente desgrenhados, portando uma espécie de taco em uma das mãos, postou-se à frente da malta com tom ameaçador:

— O que vocês querem? Perderam alguma coisa aqui, seus otários?

— Não perdemos nada. Viemos em paz com o intuito de negociar — respondeu Rogério.

— Negociar o que, seu palhaço? Não queremos nada com quem não conhecemos. Então, saiam daqui agora!

Fiquei surpreso com a atitude de Rogério, fazendo um sinal para que nosso pessoal recuasse. Enquanto nos retirávamos, a Entidade bradava:

— Vejam que covardes... Bastou alterar a voz e todos saíram rapidinho... — Gargalhava estridentemente, acompanhado pelos outros que imitavam o chefe, inclusive nos gestos obscenos que fazia.

Rogério solicitou que nos reuníssemos e fizéssemos preces. Logo depois, nosso líder pediu que mantivéssemos os pensamentos elevados, porque teríamos que esperar algum tempo para entrarmos em ação. Deu-me a impressão de que nosso coordenador entrava em contato mental com alguém.

Quase uma hora depois, divisei um veículo semelhante ao helicóptero que conhecia na Terra, porém, sem hélices. Rapidamente pousou próximo do local em que aguardávamos.

Desembarcaram duas senhoras, tendo uma delas a aparência de matrona. Aproximaram-se e cumprimentaram inicialmente nosso líder, com vibrações de alegria e paz.

Rogério adiantou-se, dizendo:

— Trata-se de Dona Clotilde, mãe de Nicolas, e Dona Odete, avó do senhor que acabamos de conversar.

As duas senhoras nos saudaram amorosamente. Em seguida, Dona Clotilde deu-nos algumas informações:

— Estava aguardando para ser convocada ao trabalho de resgate de meu amado Nicolas. Sabendo o que está se passando, conseguimos acionar nossa irmã Odete, que procurava por seu neto havia alguns lustros.

— Sim! Romão encontra-se desencarnado há mais de 20 anos. Somente agora recebi notícias de seu paradeiro, por intermédio de minha mais nova e querida amiga, Clotilde. Sinto, contudo, encontrá-lo em situação tão lastimável, conforme fui noticiada.

— Não é tão lastimável assim, Dona Odete. Quem de nós não se enganou desastrosamente em nossa caminhada evolutiva? —perguntou Rogério, procurando consolar a nobre anciã.

— Tenho uma questão apenas, posso?

— Diga, meu filho — respondeu Dona Odete para nosso líder.

— Será que Romão poderá atendê-la?

— Tentaremos, meu filho. Não fui somente a sua avó, pois sua mãezinha, minha filha, desencarnou em trabalho de parto quando ele nasceu. Apesar de estar viúva e ter poucas possibilidades naquela existência, assumi o papel que me era devido e eduquei-o como pude. Romão, embora tenha melhorado muito, sempre foi um Espírito rebelde, procurando companhias pouco recomendadas. Viveu um período relativamente curto, cerca de 48 anos, aproximadamente. Eu desencarnei quando ele tinha 25 anos de idade e já estava um homem formado. Suas decisões em relação aos amigos e colegas provavelmente o levaram para a situação em que se chafurdou. Agora que foi localizado, farei o que for possível para tirá-lo desta postura de profunda ignorância.

Enquanto Dona Odete sumarizava sua experiência com Romão, de seus olhos claros e lúcidos rolavam lágrimas discretas que, aos poucos, todos nós compartilhávamos em virtude da vibração contagiante de um coração amoroso que busca o ser amado, não apenas o neto, mas, acima de tudo, o filho do coração.

Rogério aproximou-se e abraçou as duas senhoras também muito emocionado. Logo após, convidou-as:

— Senhoras, podemos ir? Romão e seu grupo não se encontram distantes daqui.

Notei que Rogério achou prudente estar à frente com mais três voluntários de nossa Equipe, enquanto os demais ficariam um pouco mais atrás com os cães e os lanceiros.

Ao aproximar-se do agrupamento, Romão adiantou-se novamente, mostrando-se enfurecido:

— Você, outra vez? Já não mandei você ir embora? Agora vou surrá-lo para que nunca mais volte a pôr os pés aqui nestas bandas, sujeito idiota...

— Romão, não precisamos usar de violência... — falou Rogério de maneira firme.

— Como sabe meu nome?

— Posso lhe explicar em poucos instantes. Por enquanto, gostaria que você pudesse receber uma pessoa.

— Que pessoa? Não recebo ninguém. Saia daqui, senão vou lhe arrebentar...

Rogério fez um sinal e Dona Odete avançou em direção ao neto, dizendo:

— Meu querido filho, por que usar de violência com pessoas amigas? Acalme o seu coração cansado e sofrido...

Tive a impressão de que um raio atingira a cabeça do pobre e desequilibrado Romão que, ao vê-la, caiu ao solo de joelhos, assustando a turba que estava mais atrás.

— Vozinha, minha mãe... Quanto tempo... Tem piedade de mim que vivo perdido, desorientado... Socorre-me por misericórdia, porque não aguento mais viver desta maneira...

Dona Odete, reclinando-se, envolveu o neto em um abraço caloroso, beijando-lhe o rosto diversas vezes e, olhando-o nos olhos, suplicou:

— Meu filho, abra o seu coração para Jesus. Permita que o Mestre e Senhor do nosso mundo faça parte de sua vida. Vim buscá-lo, meu amor...

Os demais componentes da turba fugiram espavoridos ao verem o chefe naquelas condições, totalmente abatido.

Rogério aguardou o pobre irmão se aprumar, conter a emoção e, aproximando-se, pediu:

— Romão, auxilia-nos por amor de Nosso Pai. Necessitamos libertar o nosso caro Nicolas, cuja mãe, Dona Clotilde, encontra-se entre nós.

Foi a vez de Dona Clotilde ir em direção ao neto de sua amiga e rogar:

— Sim, Romão. Preciso libertar o meu filho, que sofre enormemente em decorrência da agressão que promoveu para si mesmo.

— Sim, senhora. Farei isso. Precisamos ir até aqueles que dormem e ficam escondidos no matagal atrás do cemitério. Vamos até lá...

O agressor, agora com nova atitude, tomou a dianteira abraçado a sua avó, enquanto o grupo e Dona Clotilde acompanhavam silenciosos.

Nós nos embrenhamos no alto matagal e Romão, com um assobio, chamou um de seus subordinados.

Surgiu um homem magérrimo, imundo e em farrapos, que se dirigiu temerosamente ao seu chefe:

— Fala, chefe, tudo bem?

— Sim. Vim dispensá-lo do serviço, porque estou partindo...

— O senhor vai nos deixar?

— Se quiser, Josivaldo, poderá vir conosco. Minha avó, digo, minha mãe, veio me buscar.

— E eu posso ir com você, chefe? Tem certeza?

— Sim, tenho. Agora, vamos despertar os que dormem.

Romão seguiu à frente, e nos deparamos com duas Entidades que mais se pareciam com cadáveres, estirados e em sono profundo, com certos espasmos vez ou outra.

Rogério solicitou que Romão aguardasse um pouco para uma análise da situação. Auscultou a tela mental de cada um deles e aplicou-lhes passes longitudinais, com maior foco no centro de força frontal.

Concentrei-me e pude notar que fios muito tênues iam em direção ao interior do cemitério. Certamente, eram essas as ligações mentais com Nicolas. À medida que nosso líder aplicava fluidos revigorantes nas duas Entidades, as ligações se desfaziam lentamente.

Em seguida, pediu que dois padioleiros se aproximassem e preparassem transporte conveniente para o pronto atendimento no Centro Espírita coordenado por Lorenzo.

Rogério, dirigindo-se respeitosamente a Dona Clotilde, garantiu-lhe:

— Neste instante, podemos resgatar o nosso irmão Nicolas.

Percebi que nosso líder se postou discretamente à frente do grupo, buscando poupar Dona Clotilde de prováveis cenas desagradáveis.

Chegamos diante do túmulo de Nicolas, onde fomos instados a fazer prece e mantermo-nos vigilantes.

Rogério solicitou minha presença e de mais dois outros trabalhadores. Depois, e para minha maior surpresa, convocou Romão, que atendeu prontamente.

— Amigos, enquanto nosso pessoal se encarrega de manter a sustentação vibratória, entraremos no túmulo para retirar o rapaz.

Virando-se para um dos nossos colegas, solicitou que preparasse uma bolsa para resgate. Verifiquei que o material era semelhante ao linho, com uma espécie de zíper na lateral, com tubos de entrada para medicação e um tubo de oxigênio que ficava preso em uma das partes da bolsa.

Rogério foi o primeiro a entrar com uma lanterna que emitia luz azulada, suficiente para iluminar discretamente a campa.

A vista era deprimente. Nicolas mantinha-se dentro do próprio cadáver, cuja decomposição era quase que completa. Mentalmente, o quadro refletia-se em seu perispírito, pois grande parte de seu corpo mostrava-se adulterada por úlceras enormes, emitindo odor cadavérico. Seu rosto era um misto de carne em decomposição e ossos que se mostravam a descoberto.

Romão foi quem quebrou o silêncio, dizendo:

— Senhor Rogério, deixe que eu faça isso. Já retirei outras pessoas de suas tumbas, em condições semelhantes. Posso?

— Sim, por favor, agradeço sua boa vontade.

Romão abaixou-se e envolveu Nicolas em um forte abraço, retirando-o do cadáver. Em seguida, acostamos o nosso irmão dentro da bolsa e, antes de fechá-la, Rogério aplicou-lhe fluidos específicos que tranquilizaram imediatamente o nosso paciente.

Após o alojarmos dentro da bolsa, cerramos as aberturas, isolando os odores que seu perispírito exalava. Seu rosto ficara também coberto, evitando qualquer surpresa para sua mãe, que nos aguardava ansiosa.

Saímos e Dona Clotilde envolveu a bolsa de transporte com um abraço e um beijo demorado, derramando lágrimas silenciosas sobre aquele filho muito amado.

Suas palavras foram:

— Meu filho, meu amor, minha vida. Graças a Deus estamos juntos novamente!

Todos se encontravam emocionados e, ao olhar para Romão, naquele homem que se mostrara violento e cruel, pude perceber uma lágrima discreta correndo em sua face.

CAPÍTULO 26

APRENDENDO SEMPRE

Encerradas as operações, as duas senhoras foram conduzidas ao veículo de transporte, no qual foi acomodado Nicolas, que permanecia em total inconsciência.

Ele seria encaminhado para o Complexo Hospitalar, enquanto Dona Clotilde e Dona Odete retornariam para a cidade onde residiam, tendo a possibilidade de visitarem seus entes queridos quando já se mostrassem mais recuperados.

Romão e Josivaldo seguiriam conosco em nossa viagem de retorno ao Complexo, onde receberiam tratamento adequado.

Rogério, dirigindo-se para Josivaldo, perguntou:

— Como você está se sentindo, meu amigo?

— Não sei, não, senhor! Acho que bem... Eu vou para onde o meu chefe me levar...

— Vamos para um Complexo Hospitalar para que você possa receber assistência adequada.

— Sim, está bem. Sou muito grato ao Romão que me retirou das alamedas onde eu vivia e me convidou para ficar junto dele e de sua turma.

— Muito bem, então vamos! — finalizou Rogério.

Depois de certo tempo de caminhada, estando mais

afastado do grupo, aproximei-me de nosso líder com o intuito de aprender um pouco mais.

— Rogério, tenho dúvidas sobre a situação de Josivaldo e Romão. Como estão em nível consciencial em relação às novas propostas que serão apresentadas?

— Romão sabe-se desencarnado. Analisei sua tela mental quando conversei com ele na primeira oportunidade antes da chegada de sua avó e pude notar que ele foi despertando aos poucos de seu estado de ignorância no período em que viveu dentro e em torno do cemitério. Vale destacar seu trabalho no bem, totalmente sem interesse.

— Trabalho no bem? Como?

— João, apesar das atitudes violentas e da profunda ignorância desse nosso irmão, após despertar de seu estado e entender que não estava mais ligado ao corpo físico, começou a retirar vários Espíritos desencarnados de suas respectivas tumbas, que se achavam em total desconhecimento de sua situação. Era movido pelo interesse em trazer esses mesmos Espíritos para o seu grupo, fortalecendo-o e sendo uma espécie de senhor do local, onde acreditou ser o melhor lugar para viver. Veja que os conceitos de mando, serviçais comandados, poder e tantas outras ilusórias posições não se desfazem pura e simplesmente com o fato de estarmos desligados em definitivo de nosso corpo de matéria. Guardadas as devidas proporções, cada um é senhor daquilo que acredita. Em nossos estudos das obras de André Luiz, na psicografia de Chico Xavier, você se recorda do personagem Gregório, em *Libertação*?

— Sim, e como me lembro, Rogério.

— Pois bem, Romão simplesmente desdobrou para o Terreno Dimensional onde vivemos neste momento, aquilo que foi quando se encontrava reencarnado. Sua própria avó não nos informou que se trata de um Espírito rebelde?

— Sim, foi! — concordei.

— Mesmo assim, ninguém é de todo mau. Grande número de libertos por Romão, se posso me expressar dessa maneira, aos poucos foram debandando de suas fileiras. Apesar de encontrarem-se em sua maioria inconscientes, ofereceram a oportunidade de grupos de trabalho semelhantes ao nosso de procederem aos resgates e transferi-los para sítios de assistência e tratamento.

— Interessante. E o Josivaldo?

— Também procedi à auscultação mental do nosso

irmão. Encontra-se em profunda ignorância de seu estado, mas, respeitando sua liberdade de escolha, perguntei se estava bem para ele nos acompanhar e ser atendido em nosso Complexo. Josivaldo é um dos que foram resgatados por Romão. Notou que ele mencionou ter vivido pelas alamedas?

— Sim, foi essa sua informação.

— Constatei em minha análise que, ao sair do corpo físico, Josivaldo ficou perambulando em aflitiva situação ao redor do próprio túmulo ou pelas alamedas próximas, servindo de joguete nas mãos de Espíritos mais infelizes do que ele mesmo. Romão foi para ele uma espécie de "salvador", retirando-o de sua miserável condição e levando-o para junto de seu grupo.

— Rogério, quando chegamos ao cemitério, avistamos Equipes de trabalho atendendo muitos de nossos irmãos recém-desencarnados. Falamos com Tales, por exemplo...

— Sim, já sei aonde você quer chegar, João. Veja que o ensinamento de Jesus sobre a plantação livre e a colheita obrigatória é respeitado em qualquer parte do Universo, em qualquer dimensão que nos encontremos. Existem todos os tipos de plantação e seus respectivos agricultores, não é assim no mundo? Fazendo uma analogia, há aqueles que semeiam plantas que servirão para a produção de entorpecentes e outros que buscam plantar alimentos e assim por diante, não é?

— Sim, é...

— Enquanto uns fazem parte de uma rede que infelicita e destrói pessoas, outros participam da saúde e proporcionam felicidade. Se assim é quando estão fora do corpo físico, seja no processo natural de desdobramento proporcionado pelo sono, ou seja em definitivo no desencarne, atraem e são atraídos por companhias com as quais comungam sua maneira de ser. É natural, então, que ao deixarem o invólucro físico continuem a ser atendidos por quem lhes interessa. Logicamente que as criaturas que buscam trilhar o caminho do bem — não falamos aqui em perfeição obviamente, porque somos Espíritos em evolução — recebam a assistência que merecem, não?

— Trata-se de processo simplesmente justo, Rogério.

— Porém, meu amigo, o Senhor não desampara ninguém e, seja de uma maneira ou de outra, todos serão amparados pelo Seu amor, para que refaçamos os caminhos e não nos equivoquemos mais. O problema chama-se "tempo perdido", quando insistimos em nossos pontos de vista, sempre lastreados pelo egoísmo e orgulho.

— Totalmente lógico, Rogério. Agradeço mais uma vez pela oportunidade de aprendizado e trabalho.

— João, agradeçamos a Jesus e a Deus, Nosso Pai. Agora, apressemos o nosso passo, porque temos muito tempo de caminhada à nossa frente até alcançarmos o Complexo Hospitalar.

CAPÍTULO 27

CADA UM FAZ AS SUAS ESCOLHAS

Alcançamos o Hospital sem qualquer incidente de monta. Apesar de exaustos com as tarefas do dia, após encaminharmos Romão e Josivaldo para as áreas adequadas de atendimento, alguns trabalhadores de nosso grupo acompanharam Rogério até o refeitório para um lanche rápido. Não pude perder a oportunidade que sempre se mostrava satisfatória ao aprendizado.

Depois de nos acomodarmos ao redor de uma mesa, Carlito, um dos voluntários de nossa Equipe, fez a pergunta sobre o mesmo ponto de minhas dúvidas:

— Rogério, por favor, posso saber qual foi a maneira escolhida pelo nosso irmão Nicolas, na efetivação de seu suicídio?

— Qualquer que seja ela, sempre é de uma crueldade que esses nossos irmãos se impõem, infelizmente. Nicolas ceifou sua própria existência com uma arma de fogo, colocando um projétil em sua cabeça.

— Caso difícil, não?

— Sim, Carlito, muito. Em casos dessa natureza, os Espíritos que recorrem a esse expediente necessitam de longo tempo para a sua recuperação — digamos — parcial. Inicialmente são submetidos aos tratamentos necessários em nosso Plano, onde buscamos minimizar os impactos ocasionados no perispírito pela atitude extremada. Por vezes, são meses — quando não anos — de assistência ininterrupta com internação de caráter intensivo, para depois aprofundar a terapia na reencarnação que, sem dúvida alguma, será em sua grande maioria de muita dor e sofrimento por conta da agressão à vida que esses nossos irmãos, no uso do livre-arbítrio, decidiram impor para si mesmos. O destrambelhamento proporcionado ao cérebro físico, com os reflexos imediatos no perispírito e no corpo mental, vinca em profundidade estas estruturas sutis, comprometendo a organização de natureza física quando da próxima ou, dependendo do caso, das próximas reencarnações.

— Querendo fugir de um problema, arranja-se outro de enorme proporção, não é mesmo, Rogério?

— Sim. Considerando-se ainda não somente os danos causados e o desrespeito às Leis Divinas, mas também o tempo desperdiçado por grande parte daqueles que preferem a saída da existência terrena por essa via. Naturalmente, necessitamos considerar que tratamos de alguns casos, porque, nesse particular, a generalização seria, de nossa parte, uma grande irresponsabilidade. Todos os aspectos são levados em conta e não poderia ser de outra maneira. Se na justiça comum, quando estamos vivenciando a existência terrena, encontramos atenuantes para aquele que se candidata a sentar no banco dos réus, que dizer diante das Leis de Amor de Deus? O Senhor não é carrasco de Seus filhos, conforme bem nos ensinou Jesus na "Parábola do Filho Pródigo"[6]. Consideremos ainda a estrutura mental de cada um e da coletividade na qual o indivíduo encontra-se inserido. O materialismo implementado e aceito por muitos de nós, encarnados ou desencarnados, tem feito vítimas em grande quantidade ao redor do mundo, porque apresenta o nada depois da existência física, relegando-nos a uma condição semelhante a máquinas que, produzidas em série, terão um único fim quando para nada mais servirem, sendo dispensados como se fôssemos produtos com data de validade vencida.

— Um absurdo realmente, Rogério.

— Daí a nossa responsabilidade — para nós que aceitamos o Evangelho de Jesus e o temos como condição única de salvação de nossa ignorância — ao atuarmos como seus divulgadores por meio do exemplo, da confiança em nós e em Deus, levando para os corações descrentes um pouco mais de consolo e esperança. A

6 *Bíblia Sagrada*. Lucas 15:11 a 32.

tarefa mais importante que tem o semeador é a de semear. Se isso é um fato, neste exemplo simples que estamos utilizando, não deixaria de ser em relação à nossa responsabilidade diante do Evangelho. Não basta teorizar como nos acostumamos ao longo dos séculos, mas, sim, trabalharmos na construção efetiva do Reino de Deus na Terra. Se estamos aguardando a Transformação Espiritual neste terceiro milênio, lembremos que ela não acontecerá sem nosso esforço no trabalho do bem. Os discursos, por vezes, são longos e recheados de palavras doces. Todavia, nem sempre acompanhados de ações efetivas, de atitudes adequadas para que a regeneração das criaturas se faça no menor prazo possível. Recordo-me de ter lido em uma das tantas obras escritas a respeito de Chico Xavier, quando dos meus esforços em tentar entender a grandeza daquele missionário de Jesus dentro de nossa Doutrina, na qual, instado a falar sobre o terceiro milênio, com o seu jeito simples e objetivo, afirmou que vale lembrar que o terceiro milênio inicia-se no ano 2000 e vai até o ano 3000, sendo extremamente claro, pois a natureza não irá promover saltos evolutivos. Entretanto, cabe a todos nós que mantemos viva a chama da fé e do esclarecimento não aguardarmos que o tempo passe, não é mesmo?

— Perfeitamente, Rogério. Uma coisa que temos feito como se fossemos milionários é o esbanjamento do tempo.

— E se utilizarmos de nosso brilhantismo, Carlito, já desperdiçamos demais provocando situações que comprometem a nossa escalada evolutiva, criando desespero e dor no lugar de consolo e amor. Poderíamos ter evoluído pelo amor, como sabemos bem, mas, por uma questão de teimosia, muitos de nós, não todos, optamos pela dor. Fazer o quê? Cada um escolhe o que acredita ser melhor para si mesmo.

CAPÍTULO 28

CUIDADOS ESSENCIAIS

— Rogério, gostaria de retornar aos últimos acontecimentos relativos ao nosso irmão Nicolas. Pode ser?

— Sim, João. Em que ponto especificamente?

— Perante a situação na qual está o corpo perispiritual dele, com os reflexos do estado em que se encontrava o cadáver, como serão os procedimentos para a sua recuperação?

— Delicados, eu diria. Inicialmente, a primeira e urgente terapia a ser aplicada deverá contemplar reduzir ao máximo sua ideia fixa em desaparecer. O suicida quer morrer, sumir, livrar-se da situação em que vive, livrando-se de si mesmo. Este tipo de monoideísmo conduz o indivíduo a iniciar um processo de agressão continuada em sua forma humana, podendo levá-lo a ovoidização, comprometendo-o ainda mais em futuro processo reencarnatório. Em paralelo, operações específicas levadas a efeito em câmara de reconstituição e severa aplicação fluidoterápica irão trabalhar a recomposição da forma, buscando reintegrar tecidos danificados não só pela agressão sofrida quando do ato violento, como também pelos reflexos condicionados por associação ao estado cadavérico, conforme falamos anteriormente. Todo esse esforço dos técnicos que trabalham nestas operações irá minimizar efeitos e não necessariamente eliminá-los. Lembremos que somos livres para impor o que bem quisermos em nós mesmos, assumindo as consequências do que é desastroso ou agradável. Levaremos certo tempo ainda para valorizarmos o corpo físico como vaso sagrado, verdadeira bênção do Criador em favor da criatura, para que seu processo evolutivo ocorra no menor tempo possível. Os cuidados básicos com alimentação, higiene, atividades saudáveis são, na verdade, componentes importantes que, aliados aos pensamentos equilibrados, permitem que estendamos nossa reencarnação, aproveitando ao máximo a estada no planeta no sentido de nos aperfeiçoarmos cada vez mais. Fazemos nossas programações de reentrada e saída no orbe terrestre, no entanto, podemos procurar, por nossa própria vontade, estender a existência o maior tempo possível. A infantilidade evolutiva colocava nas mãos de Deus aquilo que era simplesmente questão relacionada ao livre-arbítrio, com desculpas do tipo: "Deus é quem sabe"; "se Deus quiser"; "acontece desta forma por vontade do Criador", e assim por diante. Felizmente, a evolução faz-nos, aos poucos, compreender os ensinamentos claros de Jesus relativos às responsabilidades oriundas de nossas decisões e posturas diante da vida.

— Dentro deste raciocínio relativo às nossas responsabilidades, observando o caso de Nicolas, quantas reencarnações serão necessárias para o seu completo restabelecimento? — questionei o nosso líder.

— A questão fundamental não é a quantidade, porque o mais importante é como serão aproveitadas as novas oportunidades oferecidas. Levando-se em conta que as duas primeiras exercerão papel fundamental de recomposição de seu estado atual, até que sua consciência desperte de todo e ele possa reiniciar a jornada retomando praticamente do ponto onde parou por opção. Logicamente, falamos das questões concernentes às provas para o fortalecimento dos aspectos onde ele se mostra mais frágil. Todavia, não podemos olvidar de um ponto de elevada importância.

— Qual seria ele, Rogério?

— Podemos classificá-lo como "acidente de percurso" no que diz respeito às futuras decisões de Nicolas.

— Acidente de percurso?

— Utilizo este termo, João, para simplificar a informação. Nosso irmão poderá ainda fazer uso da violência contra si próprio, apesar da experiência dolorosa pela qual está passando. Lembremos que ao abrir a porta para determinado desequilíbrio, ficamos sujeitos à repetição. Nesse quesito, o esforço para não reincidir é sempre dobrado, concorda?

— Sim. Reflexo condicionado ou algo assim, se posso usar de analogia, Rogério?

— Creio que a comparação é razoável, não sendo efetivamente uma regra estabelecida. Mas, ao experimentarmos determinada substância viciante, usando isto como exemplo, ficamos à mercê de nosso desejo de repetição. Inteligentemente, não precisamos repetir equívocos quando temos informação suficiente sobre os resultados indesejáveis. Sendo bem objetivo: se possuímos conhecimento adequado a respeito de nossas fragilidades, por que criar estímulo ao insucesso, buscando estimulá-las? Não necessitamos provar cocaína para saber de seu alto poder viciante e os danos ocasionados ao indivíduo, à sua família e à sociedade. Por isso, se valorizamos a vida, não precisamos nos submeter a determinados testes.

— É verdade, Rogério. Pelo menos, em meu caso, noto que sou muito hábil em determinadas repetições infelizes, negligenciando a possibilidade de exercitar os ensinos de Jesus. O Apóstolo Paulo tinha razão, quando afirmou que: *"Porque o que faço não o aprovo; pois o que quero isso não faço, mas o que aborreço, isso faço."*[7]

— Mas aí está a grande batalha a ser travada, João, aquela contra nossos hábitos infelizes. Haveremos de sair vencedores, sem dúvida, porque é uma questão de lógica evolutiva ou fatalidade mesmo: um dia seremos bons, custe o que custar. E falando em coisas boas, vamos cuidar do nosso descanso, porque amanhã teremos um dia longo pela frente. O trabalho nos espera...

7 *Bíblia Sagrada.* Epístola aos Romanos, 7:15.

CAPÍTULO 29

ROSA

Por volta das 3h da madrugada, bateram na porta de meu aposento, despertando-me. Num átimo, fui atender. Era Carlito, membro de nossa Equipe de trabalho. Inicialmente, desculpou-se pelo inconveniente da hora, mas tratava-se de solicitação urgente de Rogério.

Vesti-me rapidamente e fui até uma das salas de reunião do Complexo Hospitalar. O time todo já se encontrava reunido.

Rogério iniciou dizendo:

— Obrigado pelo rápido atendimento ao meu pedido, apesar de não ser especificamente meu. Lorenzo entrou em contato solicitando assistência para uma irmã nossa, recém-ingressa em tratamento na área da depressão no Centro Espírita sob sua direção. O estado depressivo dela, cujo nome é Rosa, encontra-se extremamente aprofundado, e, por duas vezes, já houvera tentado o suicídio. Na terceira oportunidade, desventuradamente, ela conseguiu alcançar o intento. Sua enfermidade é de longo curso, incluindo forte ação obsessiva por problemas ocasionados em relações amorosas do passado. Segundo o relatório enviado por Lorenzo, Rosa, em anteriores existências envenenava seus parceiros para subtrair dinheiro ou bens de valor.

Construiu seu inferno particular, cuja enfermidade de hoje reflete a ação perniciosa daqueles que não a perdoaram em suas atitudes desajustadas. Nosso objetivo no resgate é tentar retirá-la não somente da tortura em que vive, agora acentuada por não contar mais com o invólucro físico no qual poderia naturalmente se abrigar, mas também buscarmos convencer muitos daqueles que ela desequilibrou com seus encantos fascinadores e doentios. Os seus algozes de hoje, em cujas mãos ela se debate, foram, um dia, extremamente apaixonados e carentes de seu amor.

— Rogério, como é grave e comprometedor o abuso do sentimento, não? — completou Carlito.

— Você tem razão. Imaturos que somos neste particular, nem todos obviamente, queremos tratar pessoas como objetos, dando-lhes o valor exato de acordo com o nosso interesse e pelo tempo que acharmos razoável, cometendo o grosseiro erro de brincarmos com o amor, com o sentimento do próximo, meu amigo. Nesse particular, é sempre bom lembrarmos que nada ficará isento. A responsabilidade assumida neste terreno exige consideração e respeito, por ambas as partes envolvidas. Quando tratamos com desrespeito o outro, nos enredamos em complicações que poderíamos evitar e para sairmos de situações deste teor, podemos nos valer de um ensino de Jesus "*Entre em acordo depressa com seu adversário que pretende levá-lo ao tribunal. Faça isso enquanto ainda estiver com ele a caminho, pois, caso contrário, ele poderá entregá-lo ao juiz, e o juiz ao guarda, e você poderá ser jogado na prisão. Eu garanto que você não sairá de lá enquanto não pagar o último centavo*"[8]. Então, o quadro é esse, meus amigos. Vamos ao trabalho pedindo a Jesus que nos fortaleça diante dos desafios que nos aguardam.

Rogério solicitou para Aída, uma de nossas jovens voluntárias, que nos dirigisse na prece para darmos início à nossa tarefa. Finalizamos os preparativos e incluímos, também, cinco cães fila que fomos buscar em nosso canil e, em seguida, nos pusemos a caminho.

A região que atravessávamos era constantemente encoberta por densas vibrações, impossibilitando qualquer claridade de nosso satélite natural, o que dificultava nossa locomoção e orientação àquela hora da noite.

Fachos discretos de um tipo de lanterna amenizavam a escuridão total em que nos embrenhávamos.

Com alguns minutos de jornada, um dos nossos companheiros de trabalho escorregou e despencou em

---

8 *Bíblia Sagrada*. Mateus 5:25-26.

um barranco próximo.

Imediatamente, ouvimos gritos:

— Pegamos um deles... Pegamos um deles...

No mesmo instante, Rogério ordenou:

— Foi o Pepe quem caiu... Soltem os cães!

Os filas desceram a ribanceira velozmente, seguidos por Rogério e pelo grupo todo. A visão comprometida fazia que mais colegas também escorregassem no terreno úmido. A luz das lanternas foi aumentada na direção de onde provinham os rosnados de nossos cães.

Pepe estava cercado por cinco ou seis Entidades que buscavam afastar os filas com varas longas e pontiagudas.

Nosso líder adiantou-se e serenou os cães, iniciando um diálogo em seguida:

— Irmãos, por favor, não precisamos deste expediente. Peço que libertem o nosso amigo.

— Não libertaremos ninguém e não somos seus irmãos. Vocês invadem o nosso território com regularidade... — adiantou-se um deles, que parecia ser o mais valente de todos.

— Senhor, não invadimos o seu território. Estamos

simplesmente de passagem por um caminho que é utilizado costumeiramente por todos que trabalham no Complexo Hospitalar.

— Agora todas as trilhas nos pertencem e, se querem o infeliz de volta, vão ter que pagar resgate — gritou o mais ousado.

— Pagar com o quê? Não temos nada que possa interessar a vocês. Somos simples trabalhadores cumprindo com nossa obrigação — respondeu Rogério.

— Vocês podem deixar os equipamentos que utilizam. Esse é o preço. Senão, o sujeito aqui fica conosco. Ele será um excelente serviçal. Não se preocupem, porque o tratamento que nós iremos dispensar ao jovem rapaz será o melhor — zombou a Entidade.

— Vejo que é impraticável qualquer tentativa de negociação. Assim sendo, não me resta alternativa senão utilizar de um método coercitivo.

— E como você pretende fazer isso? — redarguiu o valentão, apontando nosso líder e rindo de maneira desrespeitosa.

Rogério solicitou que elevássemos pensamentos e, concentrando-se, olhou fixamente para o seu interlocutor que, num instante, começou a agir como se fora uma criança assustada, balbuciando:

— Não, papai, não fui eu que quebrei o seu relógio. Não me castigue, não fui eu. Vi mamãe dando corda nele e falando que não estava funcionando bem...

Eu estava atônito com o que assistia. Observei os componentes do grupo que retinham Pepe se entreolharem espantados e sem entender coisa alguma.

Em instantes, nosso líder falou com um tom de voz inflexivo:

— Você não será castigado. Seja um bom garoto e peça que libertem nosso amigo.

Foi atendido rapidamente, agora com uma ordem direta da Entidade aos seus parceiros, parecendo que retornava à sua condição anterior ao mesmo tempo em que se afastava de Rogério comandando a retirada de seu bando.

Pepe juntou-se novamente ao nosso time e subimos ligeiro a ribanceira, rumo ao nosso objetivo.

Em momento oportuno de nossa etapa, aproximei-me do amigo e disparei minha questão:

— Desculpe a curiosidade, mas...

Não terminei a frase, porque Rogério completou:

— Você quer saber como foi possível?

— Se puder, gostaria muito. Você me conhece...

— Naturalmente que pode. Não me utilizei senão de indução magnética ou na terminologia atual, indução hipnótica. Auscultei rapidamente os traumas de nosso irmão e pude constatar que em sua infância, a violência paterna foi uma constante diante das mentiras infantis.

Não me restava outro expediente a não ser despertar-lhe um dos momentos onde ele foi poupado por ter dito a verdade. Outro recurso seria a imposição direta, utilizando os cães ou mesmo as descargas elétricas de nossos equipamentos de defesa. Como lidar com um enfermo inconsciente que se encontra sob sua responsabilidade, senão dando-lhe a medicação adequada?

— Realmente faz sentido, Rogério. Por vezes em nossas reuniões de Evangelização com os irmãos mais revoltados, empregávamos os recursos da regressão para que eles verificassem em suas próprias histórias os enganos e injustiças cometidos, principalmente quando não queriam perdoar os deslizes alheios...

Continuamos nossa jornada e, depois de mais alguns quilômetros, alcançamos o local indicado por Lorenzo. Uma casa na periferia da cidade, com aspectos de completo abandono.

Espíritos desequilibrados postavam-se na porta de entrada e, ao ver-nos, correram para o interior como se buscassem proteção.

Entramos sem nenhum problema e notei que não existia liderança alguma em especial. Dava-me a impressão de uma reunião de pessoas sem qualquer direcionamento ou objetividade.

Em seguida, nos dirigimos ao único quarto que a residência possuía. Lá se encontrava Rosa, desencarnada e totalmente ignorante em relação ao que experimentava. Quatro Entidades seviciavam-na sem a mínima comiseração, com acusações empedernidas e cruéis. Rogério, posicionando-se firmemente, ordenou:

— Agora basta! Deixem-na em paz!

Um deles retrucou de imediato:

— Nunca! Ela irá pagar o que fez para todos nós. Estamos no auge de nossa vingança e nem você, nem ninguém, poderá interferir.

— Mas Deus e Jesus podem— retrucou nosso dirigente.

— Ora, Deus não pode nada. Se pudesse, teria impedido essa meretriz de nos ter assassinado. Ainda sinto as entranhas queimarem com o veneno que essa maldita colocou em minha bebida.

O outro Espírito confirmou:

— Sim, eu também fui vítima dessa miserável criatura. Ela irá pagar, porque vamos torturá-la pelo tempo que acharmos conveniente. Como vocês não têm nada com isso, retirem-se e nos deixem continuar em paz...

— Vocês acreditam que terão paz na vingança tresloucada? Não perceberam que se igualam a ela na crueldade que praticam. Nós viemos trazer-lhes o refrigério, o medicamento necessário para aliviar a dor. Trouxemos Jesus, que é o Médico de nossas almas. Acalmem-se por um instante, para que ouçam o chamado de Seu coração misericordioso.

— Misericórdia? Não obtivemos nenhuma até hoje. Somente recebemos a dor do desrespeito e da zombaria dessa maldita que agora paga seus pecados em nossas mãos — replicou um terceiro Espírito, enquanto batia na pobre moça.

— Não viemos discutir seus direitos, mas, sim, convidá-los a nos acompanhar. Temos recursos para minimizar o sofrimento de todos. Se vocês nos derem uma chance, podemos encontrar uma forma de solucionar esse problema de maneira satisfatória. O que acham?

Um deles, que parecia ser o mais sensato, virando-se

para os outros três, falou:

— Vamos ouvi-lo, porque, particularmente esta noite, sonhei com minha mãe, que me alertou sobre a visita de um mensageiro. Disse-me que eu deveria atentar para o que fosse dito, pois seria um alento para as dores que sinto nas feridas espalhadas pelo meu corpo.

— Ora, deixe disso! — argumentou outro Espírito.

— Com mensagem de mãe, não se brinca. Vamos, fale — pediu o terceiro, dirigindo-se para Rogério.

Nosso líder, polidamente, iniciou:

— Meus irmãos, permitam-me o tratamento amigo e respeitoso de minha parte. Somos simples trabalhadores de Jesus em busca de nossa melhoria dos inúmeros erros que temos cometido em nossas existências anteriores. O Senhor compadeceu-se de nós, permitindo que pudéssemos trabalhar em Seu nome, dando-nos a oportunidade de ingressarmos em um Complexo Hospitalar que atende exatamente esses casos delicados nos quais vocês se inserem. Nossa proposta é singela. Podemos encaminhar Rosa e vocês todos para assistência conveniente, na qual seu sofrimento atual poderá ser abrandado não só com o tratamento do corpo sutil que todos nós ora envergamos, mas, principalmente, do Espírito, pois o Evangelho do Senhor aplicado em nossas vidas nos trará a paz e o conforto necessário. Por que continuar sofrendo, sem alívio de espécie alguma? Venham conosco e nós, como irmãos, poderemos nos ajudar uns aos outros.

A Entidade que se mostrara mais sensata diante do quadro disse:

— Meu nome é Ulisses e gostaria que vocês me levassem daqui, pois minha agonia é imensa e estou exausto disso tudo.

Virando-se para os demais, os convidou:

— Pessoal, chega de sofrer. Aproveitemos a chance. Vamos embora e deixemos essa infeliz à própria sorte.

Foi a vez de Rogério falar:

— Façamos melhor. Jesus nos ensinou que diante da ofensa, não pagássemos o mal com o mal e, sim, que pagássemos o mal com o bem. Comecemos agora mesmo a retribuição de Seu amor em nosso favor. Vamos levar Rosa conosco e, quem sabe um dia, com a regeneração de todos nós, possamos viver como verdadeiros irmãos dentro do respeito e do amor fraterno que nos une debaixo da Misericórdia do Criador.

Uma das Entidades, que mostrava os olhos úmidos, assim se manifestou:

— Amigos, nossas responsabilidades já são enormes diante da vida. Induzimos Rosa ao suicídio e, por nossa sugestão, ela tomou uma quantidade imensa de comprimidos que funcionou como verdadeiro veneno. Estou cansado da violência. Iremos todos juntos. O que acham?

Impressionavam-me as cenas que eu presenciava. Todos responderam de imediato com um solene "sim".

Olhei para Rogério, com dificuldade em controlar a emoção, e afirmei:

— Amigo, trabalhar com você tem sido para mim uma verdadeira bênção.

Novamente o humilde amigo, não aceitando o elogio a sua pessoa, respondeu:

— As bênçãos são de Nosso Pai e de Jesus Nosso Mestre. Na verdade, é Deles que você recebe constantemente as bênçãos. Agradeça sempre as renovadas experiências no bem que Eles nos concedem.

CAPÍTULO 30

QUANDO O AMOR DESPERTA

Acomodamos Rosa convenientemente em uma maca para iniciarmos nossa viagem de retorno ao Hospital Bezerra de Menezes.

Nova surpresa para mim quando Ulisses e as outras três Entidades que subjugavam a nossa infeliz irmã se voluntariaram para carregá-la.

Olhei para Rogério com a minha velha expressão indagadora, no que fui discreta e prontamente atendido.

— João, o amor não possui um botão de liga e desliga. Por mais embrionário que ele esteja em nós, como faz parte de nosso ser, sendo inerente que é pela Herança Divina, rapidamente se manifesta encobrindo nossas frustações, dores e qualquer desejo de revide, por mais que tenhamos sido agredidos por aquele que ainda não consegue amar verdadeiramente. Veja o quão rápido ele pode fazer alterações comportamentais. Quando nos esgotamos diante do dispêndio de nossas energias pelos desequilíbrios continuados, o amor é o elemento essencial que irá nos reabastecer. Basta que abramos um pouco nosso coração para que ele brote de nosso íntimo com toda a sua pujança.

— É real. Recordo-me de que, às vezes, em momentos de aborrecimentos que eu tinha por ser turrão em determinados pontos de vista, buscava acalmar-me com o recurso da prece e sentia fluir do meu interior energias de paz, luz e equilíbrio.

— Sim, João. Exatamente por isso que Jesus nos estimulava a trabalhar nossas virtudes, que são apenas e tão somente variações sobre o mesmo tema. Tudo é amor, que se apresenta das mais diversas maneiras. Parece a vida de um ator: muitos personagens, porém, o mesmo artista. Não poderia deixar de citar mais uma vez a obra *Libertação*, de André Luiz, no seu terceiro capítulo, quando Matilde, mãe de Gregório, declara que seu filho já experimentava algum tédio e dúvida da vitória do mal. Já não era tão severo no comando dos Espíritos desventurados e o colapso da sua resistência não lhe parecia remoto. Essa passagem é prova incontestável do amor preponderando sobre o desequilíbrio, por mais duradouro que ele se apresente. A verdade é que chega um determinado instante que não mais suportamos o dispêndio de nossas energias e queremos, de alguma maneira, voltar à nossa origem, permitindo que a Fonte Divina em nós possa jorrar em abundância e estabilizar nossa existência. Exatamente por isso, passe o tempo que for, compreenderemos que saímos do seio de Deus e para ele voltaremos. Trata-se de condição preponderante no Espírito e foi exatamente o que Jesus quis nos dizer no: "*Vós sois deuses"*... O importante é não abrir mão das chances de modificação que surgem à nossa frente por meio do trabalho contínuo na caridade, que é o exercício máximo do amor. Importa-nos avançar no menor tempo possível para sermos mais efetivos no bem e, dessa forma, alcançarmos a felicidade de servir.

E prosseguiu:

— João, desponta na Terra os primórdios do terceiro milênio e, com ele, um novo momento para o Espírito interessado em sair do lugar comum. Chega da existência pura e simples de ganhar o pão, servir a família e a sociedade, dentro dos aspectos convencionais do cidadão comum, esquecendo-nos de que somos Seres Cósmicos, cujo planeta oferece-nos a oportunidade de evolução, mas é pura e tão simplesmente uma das tantas etapas para o nosso processo de Crescimento Espiritual. Como todas as demais, possui alto grau de importância, mas não será a única. Muitas experiências nos aguardam, e o importante é que nos conscientizemos da nossa Filiação Divina, dos objetivos do Criador em nós e façamos a nossa parte no esforço continuado de evangelizarmo-nos e sermos definitivamente de Jesus.

Naquele instante, olhei em direção ao Sol que se

levantava no horizonte e elevei minhas preces ao Criador em agradecimento pelo dom da vida, por ter conhecido Jesus e o Seu Evangelho, compreendendo que só com o exercício do amor ao semelhante como a nós mesmos é que estará assegurada minha redenção.

Rogério, sentindo as minhas vibrações de gratidão ao Pai, chamou-me:

— Vamos, meu amigo, porque, com o direcionamento de Jesus, um futuro de oportunidades nos aguarda...

OUTROS LIVROS DO AUTOR

O CÉU NÃO ME INTERESSA

Umberto Fabbri *pelo Espírito* Jayme

Romance • 14x21 cm • 216 pp

Vivenciaremos o autor espiritual narrar suas experiências dentro deste panorama no afã de demonstrar de que forma o não exercício do perdão o colocou na esteira da evolução em aproximadamente sete séculos.

Durante este longo tempo, se debateu à procura de uma desforra por acreditar piamente que, diante das Leis magnânimas do Criador, não passava de um pobre injustiçado.

A leitura reafirmará em nós, a certeza de que nosso Pai não nos abandona, não importa o tempo que demoremos em nossos equívocos.

ISBN: 978-65-88535-29-5

RECORDAÇÕES DE UM QUASE MORTO

Umberto Fabbri *pelo Espírito Gabriel Fernandes*

Romance • 14x21 cm • 208 pp

Enzo acabava de passar por uma Experiência de Quase Morte e volta para casa, mas as coisas não estavam normais para ele. O que estaria acontecendo com Enzo? Estaria mesmo vivo? Qual a explicação para tudo o que sentia e experimentava? Podemos nos sentir satisfeitos com aquilo que a ciência humana nos diz? Quantas estratégias haverá para reconhecermos que a evolução espiritual é permanente e necessária?

ISBN: 978-65-88535-11-0

VOCÊ PRECISA CONHECER

RESGATE NO ASTRAL INFERIOR

Murilo Viana *pelo Espírito* Nancy

Romance • 16x23 cm • 264 pp

Madame Nancy - a Espanhola vem revelar-nos detalhes a respeito do trabalho de resgate no Astral Inferior. Nos detalha como Espíritos obsessores agem na Cidade das Trevas, como planejam e executam as armadilhas para destruir encarnados a fim de torná-los seus escravos no Astral Inferior. Além disso, Nancy narra os bastidores da obsessão espiritual sofrida pelos trabalhadores de um Centro Espírita com chocantes e surpreendentes revelações.

ISBN: 9786588535783

DAS TREVAS À LUZ

Priscila Gonçalves

Romance • 16x23 cm • 144 pp

Em janeiro de 2018, um crime chocante tomou o cenário nacional e mostrou a todos o que o preconceito é capaz de fazer a duas vidas inocentes que só queriam se amar.
Duas famílias foram destruídas, e, enquanto isso, no Plano Espiritual, acontecimentos extraordinários se desdobravam para a resolução de tramas complexas envolvendo várias almas e suas dívidas com a Espiritualidade Maior.

ISBN: 9786588535738

VOCÊ PRECISA CONHECER

UMA VEZ MAIS: O VERDADEIRO AMOR ESPERA

Keity Jeruska *pelo Espírito* Ramis

Romance • 16x23 cm • 200 pp

A história de um casal envolvido em profundos laços de amor que, por diversas vezes, dividiu o mesmo espaço e o mesmo tempo, sem conseguir caminhar juntos. Os desafios vivenciados pelos personagens, nas três reencarnações narradas no livro, elucidam a necessidade da perseverança, do autoconhecimento, da humildade e da fé inabalável em Deus e na Espiritualidade Maior que tudo sabem, mas a nada nos obrigam, para que possamos evoluir ao lado daqueles que amamos, dividindo com eles, por meio da humildade, do perdão e da persistência, os nossos aprendizados.

ISBN: 9786588535691

ANTES E DEPOIS DO BERÇO

Darcy Neves Moreira

Doutrinário • 16x23 cm • 168 pp

Traz conteúdos doutrinários que orientam a nossa jornada desde o desencarne, e acompanham o Espírito no percurso que faz na trajetória para a luz, especialmente na primeira infância. Neste caminho, encontra surpresas, prepara-se para retornar à experiência carnal, escolhendo seus parceiros terrestres, e precisa de olhares cuidadosos para cumprir sua missão na Terra, tendo nós, seus pais ou responsáveis, como articuladores de providências para o seu voo reencarnatório.

ISBN: 9786588535561

Pedidos: vendas@letraespirita.com.br | (22) 2738-0184 | (22) 99820-3332

VOCÊ PRECISA CONHECER

O FLORESCER DO AMOR

Geane Lanes *pelo Espírito* Agnel

Romance • 16x23 cm • 240 pp

Criado dentro dos preceitos da religião judaica, Daniel aprendeu a valorizar os valores morais e o respeito ao próximo. Entretanto, ainda tinha dificuldade em lidar com o sofrimento e a perda daqueles que amava, deixando que a tristeza e o desespero abalassem sua fé em Deus e em Seus desígnios. Embora sempre amparado por seu irmão e fiel companheiro Isaac, ele deixou que o amor possessivo de seu pai e o amor não correspondido da mulher por quem sempre foi apaixonado o envolvessem em uma espiral de amargura e ceticismo, não percebendo a atuação constante de seus protetores espirituais.

ISBN: 9786588535721

VIDA, ETERNA VIDA

Fátima Moura

Romance • 13x20 cm • 200 pp

Anísio era um advogado bem-sucedido. Logo após se aposentar, ficou viúvo, o que lhe causou um grande baque emocional, desencadeando nele uma imensa depressão. Sua vida estava va-zia, sem razão, até que um dia encontrou Damião, um menino em situação de rua marcado por grandes traumas. Inteligente e emotivo, o menino conseguiu reacender nele fé e a esperança perdidas.

ISBN: 9786588535554

VOCÊ PRECISA CONHECER

VIVÊNCIAS ATUAIS SOB O CONSOLADOR OLHAR DO ESPIRITISMO

Rafaela Paes de Campos

Doutrinário • 13x20 cm • 176 pp

Sabemos que à época da Codificação, muitos dos temas hoje vividos pela sociedade, não eram comuns e, por isso, não estão contidos de forma explícita em tais obras. Sendo assim, aos que estudam seriamente a Doutrina Espírita, cabe a tarefa de, conhecendo a base, aplicá-la ao que é novo.
É isto que a presente obra pretende fazer: levantar assuntos atuais e, embasando-os na Codificação, encontrar as respostas e reflexões plausíveis e racionais.

ISBN: 9786588535660

UNIDOS PELA ETERNIDADE

Rita Ramos Cordeiro
pelo Espírito Juvenal

Romance • 13x20 cm • 240 pp

As visões de Isabel foram um prenúncio de uma difícil decisão para partir ao lado de seu irmão Henrique em busca de um novo lar, enfrentando uma viagem repleta de perigos e desafios.
Henrique, um jovem idealista, jamais imaginou encontrar em sua nova vida um grande amor que colocasse em dúvida sua mais importante escolha.
Que caminho trilharia estas almas apaixonadas? O romance espírita Unidos pela Eternidade, ditado pelo espírito Juvenal, se passa num dos momentos mais devastadores vividos pela humanidade, quando a Peste Negra se infiltrou primeiramente pela Europa, e depois, pelo resto do mundo dizimando milhões de pessoas.

ISBN: 9786588535479